Los dueños de la ciudad

Laura Lavayén

Editado por Cleves Book World
Agencia literaria
www.clevesbooks.com

Impreso en los Estados Unidos.

ISBN: 978-1-4269-6487-9 (sc)
ISBN: 978-1-4269-6488-6 (hc)
ISBN: 978-1-4269-6489-3 (e)

Número de Control de la Biblioteca del Congreso: 2011909105

Trafford rev. 12/19/2011

 www.trafford.com

Para Norteamérica y el mundo entero
llamadas sin cargo: 1 888 232 4444 (USA & Canadá)
teléfono: 250 383 6864 ♦ fax: 812 355 4082

Agradecimientos,

A Gastón López, mi sobrino nieto.

Índice

La ciudad de los perros   1

Primeras desilusiones   30

Viaje a la capital   55

Ya nada es igual   91

El regreso de Sergio y Samuel   128

Intercambio de cartas   158

Adiós a Mimosa   194

Mario   224

Más e-mails   251

Aprender a soportarse   278

¿Final Feliz?   302

La ciudad de los perros

Capítulo 1

Marcela terminó la cena y esperó a que su tía cerrara el negocio. Tomó el diario de la mesa y empezó a leerlo sin mucho interés. Había sido un día muy ocupado. Sin un segundo para disfrutar. A veces eso ocurría cuando recibían nueva mercancía y debían ponerle los precios y distribuirla en las alacenas. A pesar de contar con la ayuda de Tomasa y Soledad, el trabajo resultaba abrumador y no tenían garantías de ganar suficiente dinero para emplear a otra persona. Desde muy pequeña Marcela ayudó a su tía en el manejo de la tienda y ella siempre la trató como una socia. Nunca hacía nada sin pedirle antes su opinión.

Tanto el dinero que recibían del negocio como del hotel, no era suficiente. Debían resignarse a trabajar sin descanso y rogar que los negocios mejoraran. Cada vez había más supermercados o galerías de tiendas que les quitaban clientela. Ellas continuaban trabajando porque el barrio donde vivían parecía detenido frente al progreso y sus habitantes, sobre todo los más viejos, no querían aceptar los cambios que llegaban y afectaban la apacible vida de la mayoría de sus habitantes. Ambas hablaban de emplear un hombre para los trabajos pesados, pues Tomasa estaba envejeciendo y ya no respondía como años atrás, cuando llegó a la tienda y suplicó que la emplearan porque no podía encontrar trabajo debido a su edad y su aspecto hombruno. En esos años eran usuales los avisos en el diario solicitando personas jóvenes y de buena presencia, dos cualidades que la buena mujer no tenía. Al igual que Marcela, que ayudaba a su tía, Tomasa había ayudado a su padre hasta que éste falleció, en la librería de su propiedad, que era la única en muchas cuadras a la redonda. Asunción conocía a Tomasa y sabía que además de ser fuerte era trabajadora y mujer de negocios. Marcela la conoció cuando llegó a casa de su tía, después de que su madre murió. Aunque entre ellas había muchos años de diferencia, se entendían bien porque algunas cosas en sus vidas eran similares. Incluyendo a su tía, las tres eran hogareñas y se conformaban con ir de vez en cuando al cine, caminar a la orilla del río y sentarse a tomar café o un helado y conversar con los clientes que se detenían a saludarlas. Sólo hubo un pequeño cambio cuando Marcela fue a estudiar administración de empresas a la capital. Allí vivió con otra tía, que era metódica al igual que su tía Asunción, pero no tuvo problema en adaptarse a la nueva casa. Cuando volvió con su título, en vez de buscar un empleo acorde con su capacidad, optó por trabajar con su tía e hizo algunos cambios que favorecieron la manera de tratar a la clientela, la cual conservaban desde que su tía era pequeña y atendía la tienda de su padre.

El almacén y la casa estaban casi al final de la zona vieja de la ciudad, que se había extendido hacia el lado opuesto del río. En la costanera había una vereda ancha y arbolada donde le gustaba caminar a la gente durante los días calurosos de verano. Cruzando la avenida había restaurantes, cafés y quioscos de helados. La tienda era una de las primeras casas comerciales a pocas cuadras de la estación ferroviaria.

Marcela y su tía disfrutaban las mismas cosas y a veces actuaban casi por instinto, decidiendo qué hacer como si entre ellas se cruzaran mensajes telepáticos que hacían que la una aceptara cualquier sugestión de la otra. En horas de trabajo todo lo hacían al unísono, ayudándose mutuamente. El negocio, la casa donde vivían y el hotel habían sido parte de la hacienda colonial que perteneció a sus antepasados. Donde quedaban los cuartos que rentaban había un patio de mosaicos con una fuente en el centro. En el pasado esos eran los aposentos de los dueños. Cuando la madre de Asunción decidió rentar algunos cuartos agregó a cada habitación un baño, un placar y una mesa auxiliar. Por mucho tiempo, ese fue el único hotel con baño privado en Santa Catalina. El pequeño pueblo estuvo olvidado durante muchos años hasta que un grupo de colonos llegó de Europa, y poco a poco, fue creciendo hasta convertirse en ciudad. Con la llegada de la globalización todos se vieron obligados a aceptar una nueva forma de vida. Los supermercados terminaron con muchos de los pequeños negocios, sólo Asunción siguió firme, pero a cambio debió amoldarse al progreso que llegó cambiando todo. Al volver de la capital, Marcela trajo consigo algunas innovaciones y tuvo que luchar para que su tía aceptara modernizarse. Al final accedió. La tienda pasó de vender ropa fina en una especie de mini-mercado, a ofrecer algo nuevo y mejor. Eso les permitió sobrevivir y permanecer en el mismo lugar.

Esa noche, Marcela esperó a su tía más de lo acostumbrado. Cuando entraron a la cocina y Marcela se sentó sin pedir la cena como lo hacía habitualmente, Su tía la miró inquisitivamente.

-¿No oíste los perros?-, le preguntó.

-Sí, parecía que le ladraban a un extraño.

-Así es, me contaron que un desconocido llegó. Al parecer se le dañó el automóvil y lo dejó a la entrada de la ciudad. Luego fue al taller de Julio y él le recomendó pasar la noche en nuestro hotel, pero cuando venía hacia acá lo mordió un perro. Entonces hizo un escándalo y llamaron a la policía. El perro de doña Isabel fue el que lo mordió. Ella dijo que el animal no mordía y que seguramente, el hombre lo había provocado, además era un desconocido y el animal nunca habría mordido a alguien del barrio.

Los argumentos no dieron resultado y doña Isabel, contra su voluntad, tuvo que llevar al forastero al hospital y pagar la vacuna antirrábica. El policía recordó que el perro ya había mordido a un niño y que el animal se salvó de que lo mandaran matar porque algunos testigos dijeron que el niño le había tirado una piedra. Como era la segunda vez, le advirtieron a doña Isabel que debía mantener al animal encerrado o deshacerse de él.

Las dos mujeres discutieron si doña Isabel debía seguir teniendo al perro o entregarlo a las autoridades. Para la tía no había razón de tener un perro raza *pit bull*, pues eran asesinos ya que podían ser entrenados para matar. Se comentaba que eso era lo que había hecho su dueña, pero nadie podía comprobarlo. Los defensores del animal decían que quizás la dueña lo había hecho porque temía que al vivir sola y con dinero, corriera la suerte de muchas mujeres que no podían defenderse de los malhechores, quienes parecían multiplicarse con el tiempo. La gente vieja decía que siempre hubo rateros en la ciudad como en cualquier parte del mundo, pero que los de antes no eran tan salvajes; robaban pero no mataban a sus víctimas despiadadamente como ahora. Marcela estaba de parte de doña Isabel. La mujer había quedado viuda y vivía sola en un enorme caserón, por tanto, la mejor protección era un perro.

-A ti siempre te gustaron los perros y los has defendido. Yo pienso que sólo deben tener animales, quienes pueden cuidarlos. Pero aquí los perros parecen sentirse dueños de la ciudad. Debe ser el único lugar donde pasean como si las calles les pertenecieran. Muchas veces muerden a alguien, la policía se hace la tonta y termina ganando el dueño del perro. No hay una ley que ampare al peatón, quien a veces tiene que cruzar la calle para evitar a ser mordido-. El sonido del timbre las interrumpió. Asunción salió a ver quién era mientras su sobrina levantaba en brazos a Mimosa, su pequeña perrita que ladraba con fuerza. Los ladridos no la dejaron escuchar, pero sintió pasos y una voz enojada. Luego vio frente a ella al forastero que en vez de saludarla, dijo con rabia: «Veo que hoy no puedo librarme de esos animales».

-Lo siento- contestó su tía - pero ésta es la ciudad de los perros. Imagino que necesita una habitación, pase.

Marcela miró al hombre de aspecto malhumorado y desgreñado. Tenía cabello castaño claro, estatura media y ojos verdes. Traía un saco en la mano y la camisa sucia. Su tía le pidió que le mostrara la habitación y ella le entregó la perra a su tía porque no quería tenerla cerca de una persona tan ruda. Él la siguió de mala gana. Después de mostrarle todo, Marcela le dijo que el desayuno estaba incluido y que si quería, podía recomendarle un restaurante para cenar. Él contestó de manera brusca que lo único que deseaba era dormir y olvidarse del horrendo día que había tenido. En su afán de alejarse, Marcela olvidó preguntarle a qué hora quería el desayuno a la mañana siguiente.

Antes de acostarse, Marcela comprobó si su mascota estaba bien. En invierno siempre dormía a los pies de la cama y en verano, en una cama pequeña que le habían comprado.

Ella le acarició la cabeza y la perra apenas entreabrió los ojos. Marcela tuvo insomnio. Trató de acomodar la cabeza en la almohada sin lograr encontrar una posición cómoda, luego se preguntó por qué estaba malhumorada y entonces recordó al nuevo huésped y su mirada de odio hacia Mimosa. Pensó que un hombre que no quería a los perros no quería a nadie, pero recordó que la tía Asunción tampoco los soportaba y por eso no dejaba de ser una buena persona. En ocasiones, traía a la memoria las semanas de verano en Santa Catalina junto con su madre, pero luego entristecía al recordar el velorio. Veía la imagen de su tía tratando de hacerla sentir mejor y diciéndole que debía irse a vivir con ella a Santa Catalina. A Marcela nunca se le ocurrió pensar qué haría si quedaba huérfana y tampoco tuvo tiempo de reaccionar porque todo sucedió muy rápido. Su madre falleció unos días después de que ella la encontró muy mal al regresar de la escuela. Estaba tirada en el sofá y lo único que pidió fue llamar a la vecina. Ésta llegó enseguida y se ofreció a llevarla al hospital. Marcela la acompañó, pero estaba demasiado atontada para decir algo. Nunca había visto a su madre enferma y se asustó al notar que respiraba con dificultad. No supo cómo llegaron al hospital, sólo que corrieron por un largo pasillo, siguiendo al enfermero y agarrándose de la camilla hasta la sala de primeros auxilios. Allí, otro enfermero les ordenó detenerse y ella se sentó cerca de su vecina. Esperaron una eternidad hasta que una enfermera preguntó por algún pariente y la vecina se presentó como Marciana y a Marcela como la hija de la enferma. Luego le dijeron algo en privado a la vecina y ella se puso nerviosa.

-Debemos ir a tu casa, tu mamá está grave y tienes que darme el teléfono de algún pariente.

En la casa, Marcela le entregó la libreta de teléfonos a Marciana. Ella mencionó a las tías Asunción y Verena, aunque conocía más a Asunción porque visitaba con más frecuencia a su hermana. La llamó y Marcela escuchó decirle que su hermana había sufrido un ataque cardiaco y que el doctor quería hablar con alguien mayor de la familia. Desde ese momento todo fue una pesadilla. Al otro día, Asunción llegó y juntas fueron al hospital. Esa fue la última vez que ella vio a su madre. A Marcela le gustaba recordar eso porque con el tiempo le parecía mentira lo sucedido. Era una forma de convencerse de que no había sido un mal sueño. Antes de morir su madre le dijo algo al oído a Asunción y ella afirmó con la cabeza. Luego, su madre la miró y sonrió con debilidad. Después su tía casi la arrastró hacia el pasillo y la abrazó llorando. El velorio, el entierro, la llegada de la tía Verena y el viaje en tren hacia Santa Catalina volvían a su memoria como una pesadilla. En el tren no encontraron lugar en los camarotes y viajaron en primera clase. El viaje tardó varias horas y al final llegaron cansadas y tristes. Su tía la llevó a la habitación que siempre ocupaba cuando iba de visita con su madre. Siempre la había tratado con cariño y mucho más ahora que se había ido a vivir con ella. Trataba de complacerla en todo y cuando no podía, le explicaba la razón de su negativa. Marcela siempre comprendía las razones de su tía, excepto cuando trajo a Mimosa a la casa y su tía le dijo con firmeza que no quería perros.

-Menos un perro sarnoso y enfermo como ese-. Marcela trató de hacerla entender que el animal las necesitaba. Pero ella no quiso ceder y la obligó a devolverla al lugar donde la había encontrado.

-Lo siento tía pero no puedo hacer eso. La encontramos con Sergio a la orilla del río. Seguramente alguien la tiró ahí. Sergio dice que está enferma y que si se cura será una buena compañera para mí. ¡Por favor, tía! déjame probar. Podemos llevarla al veterinario.

-¿Por qué no se la das a Sergio?

-Ha llevado demasiado animales a casa y sus padres no le permiten uno más.

Marcela rompió la alcancía y reunió el dinero que guardaba, siempre que algún cliente le daba propina por ayudar a servir el desayuno. Era el único tesoro que poseía, de resto su tía le daba dinero siempre que lo pedía. Pero esa vez se negó a complacerla. Cuando notó que no pudo convencer a su tía, llevó la mascota donde Sergio y él la escondió por unos días hasta que fueron descubiertos y los obligaron de nuevo a llevarla donde la habían encontrado. Sin embargo, ellos la llevaron al veterinario y así se enteraron que Mimosa no era una perra de la calle. Era una *westie* y como muchos de su raza, presentaba un cuadro crónico de atonía. Supusieron entonces, que pertenecía a alguno de los tantos turistas que visitaban la ciudad. Quizás viajaban con la ventana abierta y se les había escapado. Cuando la encontraron tenía mal aspecto. Estaba gorda y se movía con dificultad; parecía muy vieja para su edad, la piel lucía grasienta, tenía pocos pelos y problemas para respirar. Sus ojos se veían tristes, quizás porque los párpados apenas tenían pelos. El doctor recomendó buscar a un dermatólogo, pero Marcela y Sergio se miraron angustiados porque ya habían gastado parte de sus ahorros en el veterinario. Así que decidieron contarle que ya no les quedaba dinero y que tampoco querían abandonar a la perrita. El doctor prometió ayudarles y dijo que tendría al animal sólo un par de días hasta que empezara a recuperarse. Ambos prometieron convencer a sus parientes de permitirles quedarse con ella y le mintieron diciendo que ellos habían aceptado pagar el tratamiento si notaban que el animal sanaba. Estaban seguros que la tía Asunción una vez la viera curada, les permitiría llevarla a casa. Pero ella estaba reacia a dejarse convencer, argumentaba que no le gustaban los perros. Incluso cuando Marcela lloró le dijo que estaba segura de que pronto se olvidaría del animal y hasta prometió comprarle uno que estuviera sano. Al volver a casa, Marcela le mintió a su tía por primera vez y le dijo que el veterinario le había prometido curar a la perra sin cobrar nada.

- No puedo dejarla, Mimosa está mucho mejor ahora, pero aún me necesita. Tienes que verla- dijo Marcela y ante el rostro tenso de su tía, salió del cuarto y golpeó la puerta por primera vez.

El día que volvió donde el veterinario, éste le dijo que no podía tener más a Mimosa en el consultorio y que al otro día debía llevársela. Luego le entregó la cuenta y cuando Marcela vio la suma que debía pagar sintió que se moría. Buscó a su amigo y ambos decidieron hablar con Asunción esa misma noche. No alcanzaron a mostrarle la cuenta porque no lograron siquiera convencer a la tía de recibir al animal que tanto los necesitaba. Al día siguiente, al regresar de la escuela se encontró con uno de los viejos huéspedes de su tía, quien le dijo que la notaba triste, ella le contó llorando acerca de su problema y él se ofreció a ayudarla. A ella se le ocurrió entonces, pedirle que ocultara al animal por unos días y así fue. Pero como Mimosa estaba casi recuperada del todo, a veces era difícil mantenerla sin ladrar y por eso un día, Asunción la descubrió. Le reprochó a su huésped y le recordó que no se permitían animales en el hotel. En ese momento, Marcela entró y desesperada, volvió a mentir diciendo que el señor Domínguez había comprado el perro esa mañana y que había decidido esconderlo en el cuarto porque como partía en dos días, le cobraban mucho por tenerlo donde lo compró.

-El señor Domínguez me contó esta mañana y como le dije que no te gustaban los perros decidimos tenerlo escondido-.

El hombre estaba demasiado asombrado para reaccionar y ante la mentira de la niña sólo pudo afirmar con la cabeza.

-Parece que últimamente todos quieren meter un perro en mi casa sin mi consentimiento- dijo la tía y salió enojada. El señor Domínguez y Marcela temieron que la tía reconociera a Mimosa, aunque la perra ya no se parecía en nada a la que había traído Marcela días atrás.

-Yo tengo que irme pronto, ¿qué harás cuando me vaya?- preguntó el señor Domínguez.

-Trata de dejar el hotel cuando mi tía no te vea, así esperaré hasta el otro día para decirle que no entendí por qué la dejaste. Necesito tiempo para convencerla y lo lograré, no puedo abandonar a Mimosa ahora.

Domínguez no pudo negarse y dos días después, se fue del hotel sin ser visto por Asunción y dejó a Mimosa en la habitación. Después de cerrar el negocio, la tía escuchó ladrar al animal y envió a su sobrina a ver qué era lo que pasaba. Vio regresar a Marcela con la perra en brazos y llorando.

-Perdóname tía por haberte mentido, pero no podía abandonarla. Pensé que si mejoraba, tú la aceptarías o encontraría la forma de que la dejaras. Cuando la encontramos con Sergio estaba tan abandonada que supuse que así habría estado yo si tú no me hubieras traído contigo. Me parecía tan triste. Entiéndeme por favor, no me obligues a tirarla a la calle, tú prometiste comprarme un perro sano y ahora ella lo está.

-Ahora entiendo, ya me parecía que había algo familiar en ella. Ayer me enteré de todo cuando recibí la factura del veterinario, él vino a traerla y me dijo que tú habías prometido hablar conmigo. Eso me hizo pensar que esta perra debe ser valiosa para involucrar a dos niños y dos personas grandes en mentiras tontas. No me gusta verme obligada a pagar por algo que no he pedido. Puedes quedarte con ella, pero no me obligues a quererla.

Marcela prometió ayudar más en el negocio, el hotel y limpiar la casa. Sin embargo, su tía le dijo que lo mejor era evitar mentirle en el futuro. Poco a poco, Mimosa se hizo querer por Asunción, tanto que siguió pagando al veterinario porque la infección continuó. Ella siempre había dicho que nadie debía tener un animal en casa si no estaba seguro de cuidarlo como se debía y por eso hizo lo que tantas veces predicó.

Fue una noche larga en que el pasado volvió a revivir. Al recordar ese tiempo no pudo dejar de pensar en Sergio, quien aún estaba estudiando en la capital. Aquella aventura con Mimosa, lo hizo querer convertirse en un buen veterinario. Un día partió bajo la promesa de volver y seguir los pasos del hombre que noblemente los había ayudado. Con él mantuvo una buena relación debido a los animales que llevó a la casa, eran tantos que su madre amenazó con echarlo a la calle si no paraba de recoger a cuanto ser de cuatro patas encontraba abandonado. También se encontraron un par de veces estando en la capital y durante las vacaciones. Marcela por su parte, seguía siendo su amiga de la niñez y para ella en cambio, Sergio se había convertido en un hombre cuya presencia y recuerdo despertaban deseos desconocidos en su interior. A veces se preguntaba si él sentiría lo mismo, aunque el tiempo que estuvieron uno frente al otro nunca le envió un mensaje de atracción.

En Santa Catalina, los perros abundaban. En muchas casas tenían más de dos y otros tantos recién nacidos eran abandonados en las rutas a las afueras de la ciudad. La gente no quería comprender que la solución era esterilizar a las mascotas. Algunos no tenían dinero para hacerlo y otros pensaban que una hembra tenía derecho a conocer al menos por una vez, lo que consideraban parte de la vida. La mayoría asumía al animal como un objeto o propiedad con el cual podían hacer lo que querían. Muchos perros dormían en la calle y eso era natural para sus dueños. Varias personas sin embargo, veían que la multiplicación de perros sueltos en las calles estaba llegando a un punto caótico.

En el negocio de la tía Asunción, donde las noticias iban y venían, las propietarias oían toda clase de quejas y sólo daban su opinión cuando las discusiones se tornaban en peleas o alguien se dirigía a ellas para pedir su concepto. Las personas creían que a Asunción no le gustaban los perros o que pensaba que sólo podían tener uno, las personas con dinero y tiempo para dedicarle. Marcela en cambio, los amaba y le hubiera gustado tener más de uno.

La pregunta de siempre era: ¿Qué piensa usted Asunción? o ¿Qué dice usted Marcelita? Entonces Marcela se explayaba diciendo lo importante que era tener mascotas bien alimentadas y tratadas a temprana edad para que la población canina no se multiplicara como estaba ocurriendo. Asunción simplemente seguía repitiendo que no le gustaban los perros y que quizás algún día, tendría un gato porque ocasionaba menos problemas. Nunca se le había ocurrido pensar que también éstos podían multiplicarse y que vagabundeaban por las calles, aunque en menor número. En todo caso, éstos no mordían ni asustaban a los transeúntes. Lo cierto es que las calles tenían un olor peculiar que sólo molestaba a los turistas en verano o a los olfatos sensibles como el de Asunción.

A la mañana siguiente, Marcela fue a la cocina y le preparó huevos revueltos a Mimosa. Sólo cuando no tenía tiempo, le daba comida para perros, pero a Mimosa no le gustaba y Marcela lo sabía. Se sentía mal cuando veía a la perra ir de mala gana al plato como si tuviera que resignarse a esperar algo mejor. Luego Marcela continuó leyendo el diario y de pronto escuchó que golpeaban la puerta. Fue a abrir algo molesta porque sabía que era el huésped quien seguramente, iba por su desayuno.

-Perdón, podría decirme dónde puedo encontrar un lugar para comer algo.

-Nosotros servimos el desayuno, está incluido en el pago de la habitación.

-Esos huevos huelen bien, podría comerme dos.

Marcela quiso decirle que los huevos o el tocino tenían un cobro extra, pero cayó en cuenta que él ni siquiera la había saludado y le había hablado en forma ruda. «Propio de alguien de la capital», pensó, pues tenían fama de ser un poco prepotentes, aunque ella los defendía porque había vivido algunos años allá, durante la universidad, y aseguraba que había conocido toda clase de personas y eran pocas las que le habían dado la mala fama. Culpaba a la vida agitada que se vivía en la gran ciudad, pues a veces hacía que sus habitantes no tuvieran tiempo para ser corteses o tener buenos modales. Le preguntó al hombre, que seguía de pie, cómo quería los huevos, pero no le contestó.

-¿Los quiere comer en su habitación o en el comedor?

-Los comeré aquí si no le molesta-. Ella le mostró la silla y él se sentó. Luego, tomó el diario sin pedir permiso y empezó a leerlo. Eso hizo sentir furiosa a Marcela como si todo le molestara en él y aún más, al notar que miró a Mimosa con desdén cuando ésta se le acercó amistosamente. De todos modos, preparó el desayuno. El huésped disfrutó cada bocado y al terminar, se dispuso a dejar la cocina sin siquiera dar las gracias. Marcela deseó no verlo más y le preguntó cuántos días pensaba quedarse, él respondió que aún no sabía y le pidió algunas indicaciones para llegar al taller del mecánico y salió sin decir más.

Antes de ayudar a su tía, limpió la cocina y sintió a Mimosa contenta de tenerla cerca. Ella conocía la rutina de su ama;

levantarse temprano, desayunar deprisa y luego, correr al negocio y dejarla a ella en la cocina con un plato de comida, que no siempre le apetecía aunque el hambre la obligaba a comer después. Mimosa sabía que su ama volvía al mediodía y recibía algo mejor, después su ama salía de nuevo y ella se quedaba dormida hasta su regreso.

El almacén «Las tres hermanas», como se conocía el negocio donde trabajaban tía y sobrina, fue el primero en introducir comida para animales. Siempre habían vendido alpiste para canarios, pero la alimentación para perros y gatos tardó en llegar. A los habitantes del barrio, que eran muy tradicionales, les costaba aceptar los cambios en sus vidas. El barrio pese a ser parte de una ciudad grande, aún conservaba aspecto de pueblo. Sin embargo, la tradición fue quebrantándose poco a poco en los últimos años, debido a que las mujeres tuvieron que dejar la casa para ir a trabajar. Se habló entonces, de la necesidad de que el hombre compartiera los trabajos de la casa y eso comenzó a darse aunque no del todo. El hombre empezó a cuidar más de los niños, a hacer las compras y cocinar, pero sin compartir del todo los deberes hogareños. La mujer siguió llevando las riendas de la casa y empezó a colaborar con el soporte del hogar. En una larga y ardua lucha, la mujer logró que se le pagara igual que al hombre, pues realizaba un trabajo en el que debía rendir tanto como él. Los habitantes también tardaron en adaptarse al progreso que llegó a Santa Catalina con la máquina de lavar. A varias mujeres les costó aceptar que la máquina podía lavar tan bien como ellas o que algunos artículos eran tan prácticos que posibilitaban trabajar y tener un hogar limpio y habitable a la vez. Con la llegada de la comida para perros pusieron el grito en el cielo.

-Mi perro jamás comerá eso mientras pueda cocinarle algo-. Sin embargo, poco a poco lo fueron aceptando, aunque todavía no admitían tener a un perro suelto o atado dentro de la casa. Preferían dejarlo vagar por las calles y permitirle entrar a cualquier patio ajeno para hacer sus necesidades y tener los cachorros que pudiera aunque los abandonara después.

A Marcela se le partía el alma cuando veía a los cachorros muertos a un lado de la carretera o a la orilla del río. Toda su vida había vivido rodeada de perros y le encantaba verlos pasear por las calles a veces en manada. Sólo les temía un poco cuando peleaban por una perra en celo. Entre ellos no existía el racismo ni la diferencia en porte o color. Tampoco tenían prejuicios a la hora de aparearse. En más de una ocasión, una perra moría al intentar dar a luz a un cachorro demasiado grande. Eran pocos los dueños que se preocupaban en llevarlos al veterinario y aunque por ley debían ser vacunados y portar un collar que los identificara, pocos se tomaban la molestia en hacerlo.

La mayoría de los perros conocían su territorio. Tenían ciertos metros de terreno donde eran libres de caminar, pero sus dominios terminaban en cierto punto y entonces, se detenían y no cruzaban la calle. A veces se sentaban a mirar a los peatones o a otros perros que caminaban cerca de ellos. Tomaban la siesta donde los encontrara el sol de mediodía. Por lo general, no mordían, a excepción de algunas razas que eran buenos guardianes y casi siempre, pertenecían a residentes de escasos recursos que los mantenían atados en el día y los soltaban por la noche para que protegieran sus casas. En los barrios pobres todos trataban de tener un perro. En uno de esos barrios fue mordido «el forastero», como apodó Marciana al huésped hasta que supo su nombre. Dicen que el ser humano emana un olor especial al asustarse y que los perros lo perciben nerviosos y reaccionan mordiendo. Y aquel hombre estaba asustado. Siempre había vivido en el centro de la capital donde casi no había perros, pero allí de pronto se había visto rodeado de muchos. Uno se le acercó y le mostró los dientes, pero el que lo mordió fue otro, que lo miró desde lejos y se quedó observándolo. «El forastero» esperó ser embestido en cualquier momento, pero de repente sintió el dolor de la mordida y cuando dio la vuelta vio al perro alejarse tranquilo, como si hubiera cumplido su misión, seguido de los demás perros. Todo eso hizo que por primera vez en su vida, sintiera un poco de curiosidad hacia un animal. Y se dispuso a investigar sobre ellos.

Al día siguiente del suceso, todos hablaban en el negocio del forastero y dirigían miradas interrogantes hacia las dos mujeres detrás del mostrador que pretendían no escuchar. Sin embargo, una mujer se dirigió a Marcela y le preguntó cómo había amanecido el huésped, ya que todos sabían que se había hospedado en el hotel. Ella comentó que el hombre era tan antipático que hasta ella había olvidado pedirle los documentos para registrarlo. Su tía le reprochó no haberlo hecho y ella replicó que lo haría cuando volviera a verlo. Y no tardó mucho en hacerlo, pues él volvió después del mediodía. El único acceso a las habitaciones era por la puerta principal, siguiendo por un pasillo que llevaba al patio donde estaban las habitaciones y una especie de oficina donde trabajaba

Marcela en los libros de contabilidad. Ella vio al hombre mirar a su alrededor sin saber qué rumbo tomar, entonces lo llamó y le pidió sus datos.

-Samuel Ortega- repitió Marcela al tiempo que anotó el nombre en el libro que sacó de un cajón. Luego le dijo cuál era el precio que debía abonar y le peguntó cuántos días permanecería en la ciudad. Él contestó que no sabía y salió para traer una cámara.

-¿Tomará algunas fotos?- preguntó Marcela.

-Trabajo para una revista. Haré una nota sobre el lugar.

El forastero se fue y Marcela se quedó pensando en lo contentas que se pondrían sus clientas si les contaba lo poco que sabía de él. Pero como no disfrutaba con los chismes, decidió no satisfacerles la curiosidad y supuso que por ello, las mujeres del barrio sufrirían bastante, pues aún vivían como si Santa Catalina fuera un pueblo pequeño. Las más viejas sobre todo, no aceptaban formar parte de una generación que quería estar al día con la moda y las novedades del mundo. Lo único que habían aceptado era la televisión, ya que las novelas de la tarde eran su único medio de entretenimiento. Ellas conformaban la mayoría de los habitantes y oscilaban entre los cincuenta años o más.

Eran hijas de algunos de los extranjeros que habían llegado tres generaciones atrás. Sus abuelos habían alcanzado una posición económica que impidió que ellas tuvieran que salir de la casa para ganarse la vida. Mientras sus padres y luego sus maridos trabajaban, ellas vivían sin preocupaciones y sin una ambición distinta en la vida. También, de mala gana, habían comprado lavarropas cuando las manos empezaron a dolerles. Desde que se casaron las cosas habían cambiado, pero ellas no. Solo algunas podían pagarle a alguien para que les limpiara la casa todos los días o algunas horas a la semana. La mayoría nunca había vivido en otro lugar. De vez en cuando habían ido a la capital por un par de días o a las playas, que estaban a pocos kilómetros y cada vez se hacían más populares. Entre la playa y la cordillera había una gran extensión de tierra árida, pero Santa Catalina había sido fundada en un valle fértil, rodeado de granjas y estancias que hicieron la vida posible sin tener que depender de otras ciudades. El tren sirvió de hilo de comunicación entre los habitantes y la capital. Luego, dejó de ser el medio de locomoción diario y empezó a pasar una vez por semana porque fue reemplazado por el ómnibus y los camiones que transportaban mercancía. Desde que Marcela se fue a vivir con su tía, le gustaba ir a la estación como en su niñez cuando visitaba a su tía. Ésta a su vez le contó que ella también lo había hecho de niña porque su madre la enviaba para ver si encontraba algún cliente que necesitara alojarse en el hotel.

Todo eso se lo contó más tarde al forastero, cuando descubrió que a él le interesaba lo que ella le pudiera contar, y disfrutó haciéndolo porque le parecía que su curiosidad no era malsana. Eso ocurrió después de superar la apatía que existía entre ambos. Un día el regresó cambiado. Llevaban varios días en hablar lo menos posible. Él notaba que no le caía bien a Marcela y simplemente, la ignoraba. Pero ese día, había enviado un informe a su trabajo y le respondieron que el asunto de los perros parecía interesante y le sugirieron que además de escribir sobre los habitantes, hiciera un estudio sobre esos animales. Le enviaron varios libros sobre la raza canina y comprobó que ninguno de los del lugar aparecía en las publicaciones, donde se mostraban fotos de perros de pedigrí y se reseñaba la historia de cada raza. Gracias a Marcela se enteró que los perros del barrio eran una mezcla de dos o más razas. Ella a veces lograba identificar los cruces posibles que tenía cada animal. Eso hizo que Marcela y Samuel empezaran a salir, generalmente a la hora de la siesta cuando el negocio estaba cerrado. A esa hora, la mayoría de los perros estaban dormidos y Samuel se sentía más seguro. Jamás salió de noche.

Los días en que Soledad tenía libre, Marcela limpiaba los cuartos. Como sólo tenían un huésped, se tomó tiempo para hacerlo y con sorpresa descubrió que en el cuarto del forastero había varios libros sobre perros. Al otro día, le sirvió el desayuno y le comentó al respecto. Él pareció transformarse y admitió querer a los perros.

-Nunca lo hubiera pensado, todo lo contrario, siempre me pareció que la presencia de Mimosa le molestaba.

-Bueno eso fue por unos días, estaba muy enojado por el perro que me mordió, hasta fui más de una vez a hablar con la policía para que le quitaran el animal a su dueña porque es un animal muy peligroso, que no debería compartir su vida con los seres humanos.

-Estoy segura que no es un perro peligroso. Quién sabe qué le pasó ese día. Yo sé que nunca anda suelto, debe haber sido una casualidad que estuviera por fuera de su propiedad ese día.

De pronto se encontraron hablando animadamente. Ella le contó que tenía otros libros, pues desde que tenía a Mimosa se interesaba por saber más. El abrió un libro y señaló algunas fotos y Marcela le contó todo lo que sabía sobre los perros que estaban viendo. Después ella se fue al negocio y él quedó feliz de pensar que ella le facilitaría el trabajo. Sería más fácil preguntar que revisar los libros. Supuso que haría un artículo que le traería muchas satisfacciones. Planeó enfocar el tema describiendo a los perros según las razas. Marcela le ayudó después a distinguir entre un perro de pedigrí y uno curado, es decir producto de la mezcla de dos o más razas.

Samuel Ortega puso todo de su parte para convertirse en un experto de la raza canina. Lo primero que observó fue que aunque los perros permanecían vagando por las calles, muchos de ellos no lucían abandonados. Eran sanos y el pelo les brillaba. Ninguno sufría de sobrepeso, pero tampoco parecía pasar hambre. Sólo algunos renqueaban o les faltaba una extremidad, quizás al haber sido atropellados por un auto. Samuel aprendió pronto que los perros tenían prioridad al cruzar las calles. Si más de uno era atropellado se debía a que desconocía cuándo darle paso al conductor o cuándo le daban paso a él. Samuel dedujo que eso obedecía en parte, a que lejos del centro de la ciudad y especialmente en la parte vieja, se conocían tanto perros como habitantes. Marcela le contó que se encontraba en el barrio Correntoso, el cual pertenecía a Santa Catalina, nombre de la ciudad.

Primeras desilusiones

Capítulo 2

A Asunción no le gustó la amistad que empezó a crecer entre Marcela y el huésped. Su sobrina siempre era amable con todos sin entablar por ello una relación de amistad, sin embargo, notó que en pocas semanas la apatía de Marcela hacia Samuel tomó otro rumbo. Su instinto la hizo desaprobar la confianza y el interés que crecía entre ellos a pasos agigantados. En cuestión de días su sobrina empezó a alejarse de ella y a acercarse más al «forastero», como lo llamó ella y sus clientas, quienes llegaban al negocio a compartir cualquier suceso sobre el extraño personaje que recorría la ciudad con la cámara, siempre lista para captar cualquier cosa que llamara su atención. Lo veían caminar por el barrio en busca de novedades y acercarse a un perro y a su dueño para hacer toda clase de preguntas. Así se había enterado de que muchos perros no pertenecían a la casa donde a veces los encontraba durmiendo o sentados, mirando con curiosidad a los transeúntes. Si reconocían a alguien y la persona les hablaba, la seguían por un corto trecho. Cuando Samuel preguntaba por algún perro que le llamaba la atención, la repuesta casi siempre era la misma: «No es mío, no sé de quién es. Le gusta sentarse frente a mi puerta y a mí no me molesta».

Desde que Samuel envió las primeras anécdotas que recopiló de distintas personas y empezó a hacer comentarios sobre los perros que habían llamado su atención, en la editorial le aconsejaron continuar y le propusieron agregar más datos porque era un buen tema para los lectores y algo diferente de lo acostumbrado. Le preguntaron si creía que sería un tema apto para una novela corta como las que publicaba la revista, mezclando personajes y perros, o tal vez echando mano de las fábulas, ya que la descripción de los caninos, parecía más fantástica que real. Años atrás, esas fábulas habían sido populares entre los niños y aún algunos adultos las recordaban. Otra posibilidad era escribir algún artículo de vez en cuando, aparte de los personajes de Santa Catalina. De pronto, Samuel empezó a verse más que un simple periodista, como un escritor y la fama se le subió a la cabeza antes que le llegara. Pensó compartir con Marcela su entusiasmo, pero desistió de repente. Era una joven demasiado seria y tuvo miedo que se diera cuenta de que la estaba usando. Muchos de sus relatos los había enviado a la editorial sin preocuparse por darles la autoría. A veces, cuando Marcela le explicaba algo sobre un perro, lo describía tan bien que Ortega se daba cuenta que si usaba su propio vocabulario no lograría el mismo impacto. Por otra parte, la descripción de la parte humana se la debía a muchos de los habitantes que le contaron historias ocurridas en el barrio por generaciones. Samuel se aseguró entonces, que la revista no llegara nunca a ninguna librería del lugar, pese a que su deber cuando iba a un lugar desconocido, era que la gente se enterara de la existencia de «Temas generales», nombre de la publicación hacía cinco años atrás. Ortega siempre fue enviado especial a lugares poco conocidos y su trabajo resultaba un éxito. Siempre lo acompañaba un fotógrafo, que enfermó a último momento, antes de viajar a Santa Catalina. Ortega insistió en que podía hacer todo el trabajo y aceptaron. La revista solía presentar al lector ciudades desconocidas y había llevado a cabo una encuesta para saber cuántos de sus lectores habían oído hablar de las ciudades que mostraban en cada ejemplar. Hasta entonces, habían logrado dar a conocer lugares que muchos ni siquiera habían oído mencionar. Cuando Samuel envió el primer artículo y describió Santa Catalina, reconocieron que lograrían un gran impacto no sólo por la descripción del lugar y sus habitantes, sino por los pobladores de cuatro patas que allí se encontraban.

El verano tardó en manifestarse, pero al fin se hizo sentir junto con los turistas asiduos que llegaban cada año. Samuel Ortega estuvo muy ocupado haciendo preguntas y queriendo saber de dónde habían salido tantos veraneantes. Todos parecían conocer a las dueñas del hotel y manifestaron ser viejos clientes desde que descubrieron la tranquilidad del lugar. Ambas mujeres trabajaban todo el verano. Los nuevos clientes llegaban porque alguien les había recomendado el sitio como un hotel familiar ubicado en un barrio apacible. De hecho, Correntoso era como un pequeño pueblo dentro de una gran ciudad. El río llamado también así, no hacía honor a su nombre ya que sus aguas eran apacibles, tenía abundantes peces y no era peligroso para nadar. Esto complacía a muchos. A las familias además, les llamaba la atención que habían parques y una playa hermosa frente al hotel, donde se podía disfrutar sin tener que caminar mucho. Las ciudades balnearias se habían convertido en lugares demasiado agitados con toda clase de tentaciones tanto para grandes como para chicos. En Santa Catalina, la parte nueva de la ciudad no había escapado al progreso y tenía hoteles modernos y costosos. En cambio en Correntoso, Asunción había logrado seguir ofreciendo un lugar limpio y barato. Además, la ausencia de casinos y parques de diversiones garantizaban unas vacaciones tranquilas. Por otro lado, el café y el helado que se servían en la costanera no se disfrutaban en ningún otro lugar. Al periodista le aclararon que eso sólo existía en el viejo barrio donde doña Asunción y su sobrina seguían luchando para no tener que abandonar el negocio. En más de una ocasión estuvieron tentadas a dejarse convencer por algún comprador que veía un buen lugar para poner un supermercado. Todos sabían que mientras el almacén siguiera siendo atendido por las dos mujeres, el barrio no aceptaría la frialdad de un negocio moderno; pues así ofreciera la ventaja de comprar todo en un mismo lugar, los desconectaría del ambiente al cual estaban acostumbrados. Lo grande y ruidoso los asustaba. Ellos no querían abandonar sus costumbres pueblerinas y unirse al progreso que llegaba despacio, acarreando problemas propios de las grandes ciudades como la pérdida de buenas costumbres, la violencia y la perversión. Sabían que mientras las cuatro mujeres, porque incluían a Tomasa, quien ayudaba en la tienda, y a Soledad, quien se encargaba del cuidado de la casa y el hotel, estuvieran al frente del negocio, nadie compraría en otro lugar. Las mujeres eran fieles no sólo a sus costumbres, sino también a las personas con las cuales les había tocado vivir. Las cuatro sabían que trabajaban mucho y que nunca ganarían dinero suficiente para hacerse ricas, pero sí para seguir viviendo de manera confortable. Ellas ofrecían a sus clientes no sólo un lugar donde comprar, sino también para socializar en un barrio tranquilo donde todos se conocían. En verano la vida cambiaba un poco con la llegada de algunos turistas, pero en el barrio sólo tenían contacto con quienes alquilaban en el hotel de Asunción. Al resto los veían pasar camino al río en el día o pasear por la rambla al atardecer. Los turistas dejaban alguna ganancia extra en el almacén, pero no eran tantos como para cambiar el ambiente de pueblo que allí se respiraba.

Esa mañana como otras, Marcela preparó los desayunos. Luego, entró al cuarto de Ortega para limpiar y devolverle un libro sobre perros que él le había prestado. No era mucho lo que podía decir sobre lo que había leído, puesto que todos los perros, razas, tamaños y demás, no correspondían a los perros del barrio. Lo único que supo fue que su perrita era de pedigrí y que la mayoría de los que transitaban por la calle eran mezclados, «perros de la calle», como se les llamaba a diferencia de los perros que veía cuando iba a la parte rica de la ciudad, donde paseaban con sus dueños. Éstos parecían tener una personalidad distinta. Al igual que sus dueños, caminaban con pasos seguros, erguidos y confiados; sin la desconfianza que se notaba en un animal que no ha gozado de una vida normal. Sin embargo, Marcela había oído comentar a algunos turistas, que pese a que los perros vivían en la calle, muchos parecían gozar de buena salud y estar bien alimentados. Un día caminando cerca del río, donde había algunos restaurantes, vio a unos turistas tomándoles fotos a unos mientras comentaban con extrañeza que estuvieran tan cerca y a la vez tan tranquilos con extraños. Los perros estaban durmiendo en la vereda, cerca de las mesas que se ponían afuera cuando el tiempo lo permitía. Pero los turistas no veían a los que merodeaban en la noche en busca de comida. Muchos cojeaban, lastimados como consecuencia de alguna pelea callejera o estaban sin una pata porque habían sido embestidos por un auto al tratar de cruzar la calle. Si cada uno de esos perros hubiera podido hablar, Ortega habría tenido suficiente material para escribir más de un libro. Pero él sólo se interesó por los de aspecto saludable. Su intención era escribir algo positivo y no acerca del drama de esos animales. El objetivo de la revista era enterar a sus lectores de las cosas buenas que había en cada lugar y que permanecían en el anonimato.

Esa mañana cuando terminó la limpieza de los cuartos, Marcela se dirigió al almacén y encontró a un grupo de sus asiduas clientas cuchicheando. Eso significaba que estaban hablando mal de alguien y se rió para sí, pensando en quién sería la víctima de sus malas lenguas. Apenas la vieron, levantaron la cabeza y le preguntaron si sabía que a Isabel Arias la habían asaltado la noche anterior. Unos jóvenes habían entrado en su casa y la habían golpeado para robarle. Marcela preguntó si el perro había dado alguna señal de alarma.

- ¿No sabes que el perro estuvo detenido hasta que se cercioraron de que no tenía rabia? Lo tuvieron en observación porque tu inquilino insistió en que era un perro peligroso, que no debía estar en la calle. Al final la policía lo sacrificó, como si nosotros no supiéramos que doña Isabel siempre lo mantuvo adentro. Y ya ves, tal como ella lo dijo más de una vez, si alguien se enteraba de que estaba sola podían entrar a la casa y asaltarla.

Con un nudo en la garganta, Marcela preguntó sobre el estado de la mujer y se enteró que estaba muy mal en el hospital. Cuando todas se fueron, siguió moviendo cosas, tratando de ocuparse pues sentía una rabia ciega que iba apoderándose de ella. Esa noche preparó la cena sin dejar de moverse nerviosamente. Asunción sintió que tenía que decir algo y buscó las palabras adecuadas que sirvieran para calmarla. Deseaba hablarle, pero esperó que ella lo hiciera primero porque de repente la sintió como una extraña. Sin embargo, la tomó de una mano y la obligó a sentarse.

-Ya sé que estás tan furiosa como yo con ese tunante. Yo tampoco sabía que él había insistido para que no soltaran al perro. Sé que también lo estás culpando de lo que pasó.

-No quiero hablar tía. Me siento como si alguien me hubiera traicionado, pero no quiero pensar nada hasta que hable con él y sepa qué hay de verdad en todo esto.

Comieron en silencio y se sentaron en la sala a esperar. De pronto escucharon abrirse la puerta de la calle y reconocieron los pasos de Ortega. Asunción se retiró y Marcela esperó tensa, rogando que su temperamento no la traicionara y dijera algo de lo que tuviera que arrepentirse después. Pero algo se posesionó de ella y sacó a flote tal enojo, que la hizo pensar que nunca había tenido un motivo para estar tan furiosa. Volvió a sentir por aquel hombre la misma antipatía que la primera vez.

Él entró contento, había tenido un día productivo. Se había enterado que doña Isabel había sido golpeada por unos ladrones que entraron a su casa y ya estaba pensando en agregar eso a sus anotaciones. Le sonrió a Marcela, pero ella cerró la puerta y lo invitó a sentarse. La furia que advirtió en sus ojos, lo desconcertaron. Lucía como una desconocida.

-Nunca me dijiste que seguías empeñado en que obligaran a Isabel Arias a sacrificar su perro.

-El perro me mordió y un perro así no puede andar en la calle. Lo mío no fue grave, pero puede haber una segunda vez.

-Tú lo has dicho, lo tuyo no fue grave. Eso prueba que si el perro hubiera sido peligroso, realmente te habría hecho daño. No vi la mordedura, pero estoy segura que fue leve porque no cojeaste ni tuviste problema alguno. Sólo sé que no pudiste perdonar al pobre animal. Quizás como siempre permanece en el patio de la casa y nunca camina libre por la calle, reaccionó así. Quién sabe qué le pasó por la cabeza. Pero ya vez, alguien se enteró que la señora Isabel estaba sola y no tardaron en aprovecharse de su indefensión hasta el punto casi de matarla. Y tú tienes la culpa, por tu testarudez.

-Marcela no te pongas así, no vas a enojarte conmigo por un perro. He leído que los rottweiler son perros de mal temperamento y siempre son agresivos.

-¡Por favor! ni sabes lo que dices. En primer lugar, el perro es un *pit bull*. Ambas razas han adquirido mala fama porque muchos de estos perros han caído en manos de dueños inescrupulosos que los compran con fines perversos. Pero yo pongo mis manos en el fuego de que ese no es el caso de la señora Isabel. Cuando su perro te mordió no lo hizo con la intención de matarte. Por favor, no hablemos más.

Marcela dejó el cuarto y tiró la puerta. Samuel se quedó sin saber qué hacer. Esa noche empezó a preocuparse, aunque pensó que hizo bien en no dar a conocer la revista en la ciudad. Temía que a los habitantes no les gustara encontrar sus historias publicadas y que muchos se sintieran utilizados por haber sido inducidos a contar cosas que sólo les pertenecían a ellos. Hasta entonces, sólo había dado a conocer lugares. Sin embargo, cuando envió las historias que le contaron en Santa Catalina no pensó presentarlas tal y como las escuchó sino que quiso narrarlas a sus compañeros de trabajo como algo interesante. Pero luego lo felicitaron por el buen trabajo y él en vez de aclarar que eso no era parte de lo que estaba preparando para ser publicado, empezó a imaginarse ocupando un puesto en la editorial, siendo admirado y respetado. Sus últimos artículos no habían tenido la acogida que ahora recibían los de «Temas generales». Su suerte había cambiado con la estadía en Santa Catalina. Gracias a Marcela hasta se había olvidado de la novia que lo había plantado en la capital y por la cual había dejado de rendir en el trabajo. Pero esa seguridad adquirida en las últimas semanas estaba a punto de desvanecerse. Pensó que lo sucedido era su culpa. Se había empeñado en que el perro fuera sacrificado. Su justificación era que no quería que a nadie le tocara verse seguido por una jauría de caninos y estar tan cerca de ser atacado. Además, ¿qué tal si el perro tenía rabia? El que estuviera encerrado era quizás una falta de seguridad al respecto. Los análisis de laboratorio aún no llegaban y no comprobaban lo contrario. De pronto, Samuel se sintió furioso con Marcela. Si para ella era más importante el animal que él, terminaba por parecerse a la novia que tanto lo había hecho sufrir. Lo mejor era olvidarse de ella antes que volver a vivir lo que tanto le había costado olvidar.

Para Marcela también fue una noche de insomnio. Se sentía tan desilusionada que trató de convencer a Mimosa para que durmiera a sus pies y así no sentirse tan sola. Pero ésta sólo estuvo un minuto sobre la cama, luego saltó para volver a su lugar. Siempre que tenía algún problema buscaba refugio en su tía, pero esta vez no quería inmiscuirla porque le parecía que lo que estaba sucediendo era un asunto exclusivo entre ella y Samuel. Además, a Asunción no le había caído bien Samuel, aunque esperaba que al igual que a ella, la apatía terminara por transformarse en amistad.

Al día siguiente, Asunción despertó una hora más tarde porque tampoco había logrado dormir. Le sorprendió ver a su sobrina tomando el desayuno y leyendo el diario como si nada, aunque enseguida se dio cuenta que no estaba contenta. En las mañanas siempre se saludaban con un beso y empezaban el día con armonía. Pero ese día su sobrina no quería hablar, así que se preparó el desayuno y tomó una parte del diario que Marcela había tirado al piso después de leer. Luego se dispuso a abrir el negocio, pero Samuel apareció en la cocina. Desde el primer día tomó por costumbre desayunar en la cocina mientras el resto de los huéspedes lo hacían en el comedor. Al verlo seguir derecho a sentarse, Asunción pensó que desde el comienzo él había entrado a la casa con cierta autoridad y un gesto de prepotencia y dominio sobre su sobrina. En pocas semanas la había transformado en otra persona, que sólo parecía tener ojos y oídos para él. Asunción se alejó despacio porque en el fondo deseaba saber cómo lo recibiría Marcela, ojalá de forma descortés y obligándolo a dejar el hotel. Desde la noche anterior se moría por saber lo que ella le diría, pero por respeto hacia ella desistió de escuchar detrás de la puerta.

Marcela apenas contestó al saludo de Samuel y le sirvió el desayuno. Él le pidió perdón y le prometió ir a la policía a retirar la demanda. Ella le dijo que ya era tarde pues el perro había sido sacrificado y que lo mejor que podía hacer era irse. Iba a agregar algo más, pero en ese momento llegaron otros huéspedes al comedor para desayunar. Marcela vio la oportunidad de alejarse e inició la conversación con un huésped para demostrarle que no tenía ganas de hablar con él. Cuando regresó, él ya no estaba y se alegró. Había muchas cosas que quería poner en claro antes de volver a hablarle.

Después Marcela fue al negocio y estaba lleno. Supuso que muchas de las clientas más que a comprar, iban a averiguar si se sabía algo sobre Isabel Arias. También se dio cuenta que muchas de ellas se habían enterado de su amistad con Samuel porque los habían visto paseando a la orilla del río o acompañándolo en su recorrido por la ciudad cuando iba a tomar fotos. A veces se detenían, conversaban con los vecinos y se quedaban mirando a cuanto perro se les cruzaba por el camino. Isabel Arias había amanecido peor y eso hacía que las mujeres relacionaran el hecho con Marcela y la vieran como la causante de que la mujer hubiera quedado sin la protección de su perro, el cual seguramente hubiera mantenido alejado a cualquier extraño. Todas parecían haberse convertido en detectives, describiendo lo ocurrido como si hubieran estado presentes en el lugar. La mayoría estaba segura de que el agresor había sido alguien del barrio y conocía que la anciana estaba sola. La policía había dicho que más de una persona había perpetrado el robo. Todas hicieron gestos repulsivos al describir lo que cada vez se tornaba más violento. Marcela pensó que estaban repitiendo lo que ya habían dicho antes de que ella llegara, porque querían asegurarse que escuchara. Finalmente, como no les quedaba una idea nueva para exponer, todas dejaron el negocio.

Fue un día ocupado en el que Marcela estuvo sola y su tía no tuvo tiempo de dirigirle la palabra, pues a mediodía en lugar de almorzar, estuvo en el hospital y regresó a tiempo para abrir el almacén. Sólo alcanzó a comentarles a Marcela y Tomasa, que Isabel había recobrado el conocimiento, pero que aún no había un diagnóstico de su estado físico o mental porque hablaba incoherentemente.

-Marcela, sé cómo te sientes, pero espero que no estés culpándote de algo que no tienes por qué.

-No sé, quizás cuando Samuel me dijo que había insistido a la policía para que le quitaran el perro a Isabel, si yo me hubiera opuesto eso no hubiera ocurrido. Pero perdí demasiado tiempo ayudándolo a lograr su propósito de enterarse sobre estos animales para hacer un buen reportaje y no presté atención a lo demás. Tampoco sabía que él seguía presionando para que no fuera devuelto. ¡Claro que me siento culpable!

Marcela no le dijo a su tía que la relación entre ella y Samuel estaba tomando un curso acelerado y que estaba enamorándose de él. Sin embargo, Asunción ya lo sabía. Como también sabía que hasta entonces su sobrina sólo había tenido sentimientos para Sergio Ayala, el amigo de su niñez.

Nunca la vio tan interesada en nadie como lo estuvo por aquel muchacho. Supo que se habían visto mientras estudiaban lejos del hogar y también cuando él visitaba a sus parientes y pasaba a saludarlas. Pero al verlos juntos, la tía pudo notar que para él Marcela seguía siendo la amiga de su infancia y para ella en cambio, los ojos y la forma como lo nombraba, delataban otros sentimientos. La tía estaba segura de que si hubiera existido algo entre ellos su sobrina se lo habría dicho, pues entre ellas nunca hubo un secreto. Aunque con la llegada del extraño todo había cambiado. Entre ellas algo se había roto y sus mentes ya no trabajaban juntas. Marcela salía casi todos los días a caminar con él sin siquiera avisarle a su tía a dónde iban. Aunque Asunción no decía nada, en el fondo se sentía herida, como si poco a poco la estuviera perdiendo. De pronto, se apoderó de ella un miedo terrible. Tarde o temprano, su sobrina encontraría a alguien y se quedaría sola, aunque siempre había pensado que ese alguien era Sergio a quien conocía desde pequeño y por quien sentía un gran cariño. Del forastero no sabía nada y desde que lo había visto le caía mal. En el trabajo, los pocos momentos que Asunción tuvo para pensar, deseó que Marcela terminara con él. No sabía qué había tenido lugar en los paseos que hacían juntos, pero rogaba que las cosas no hubieran llegado lejos. Vio cambiar a su sobrina de la noche a la mañana y tuvo miedo de que se repitiera lo que ella había vivido en su juventud cuando se enamoró y discutió por primera vez con su padre. A él tampoco le había gustado Carlos. Quizás como le ocurrió a ella, su padre vislumbró algo que ella no vio. Pero era demasiado pronto para hacer conjeturas. Mentalmente empezó a dar por terminado lo poco que podía existir entre Marcela y Samuel en las semanas que llevaban de conocerse. Ella prefería que todo terminara si las cosas no iban a tener un buen fin. Por experiencia sabía que mientras más duraba una relación, más difícil era arrancarla del corazón. No estaba segura si lo que la hacía rechazar esa relación, eran celos, miedo a quedarse sola o el presentimiento de que no era el hombre ideal para alguien a quien quería mucho y por consiguiente, el temor de que sufriera tanto como ella. Decidió entonces irse a acostar temprano para no tener que enfrentarse a él cuando regresara. Dio las buenas noches a Marcela y ésta se ofreció a terminar de lavar los platos antes de retirarse a dormir. Marcela vio la mirada de asombro de su tía y pensó que debía darle una explicación.

-No quiero que piense que estoy esperándolo.

Más tarde, Asunción oyó el ruido del agua y luego sintió la puerta abrirse. Oyó unos pasos que entraban a la cocina y entonces se levantó para acercarse a la puerta de su habitación y escuchar mejor.

-Marcela quiero pedirte perdón…fui a la policía y me enteré de que el perro murió. Parece ser que se negó a comer, quizás estaba enfermo. Algunos policías quisieron llevarlo con ellos, pero tenían niños en sus casas y desistieron. Tú sabes que por instinto era un perro que podía morder. Como vez, no lo sacrificaron, el perro buscó la muerte-. Pero dejó de hablar de inmediato porque cayó en cuenta que estaba culpando al animal de su propia muerte y quizás eso lo mostraba como un ser sin sentimientos.

-¡Por favor, vete inmediatamente! No quiero que permanezcas aquí ni un minuto más.

Samuel se retiró en silencio sin saber cómo obrar. Mientras preparaba las valijas pensó esperar hasta el otro día para intentar hablar con Marcela, pues tal vez ya no estaría tan enojada y lo escucharía. Sin embargo, decidió marcharse. Había sentido pena por el perro y hasta llegó a pensar que era el culpable de su muerte, pero al apagar la luz y querer retomar mentalmente la imagen de la muchacha recordó a la novia que lo había dejado. La vio riéndose de él cuando supo que lo engañaba con otro. Con sorna lo había aceptado, diciendo que él no sabía amar y por eso lo dejaba por otro. Él pensaba que era importante en la vida de ella como lo era para él. Y ahora creía que podía volver a amar, pero lo echaban. El perro era más importante que él y por eso sintió odio hacia el animal como lo había sentido por el hombre que había arruinado su vida y a quien conoció después sin entender qué le había visto ella para dejarlo. Pensó que al menos al perro no lo vería más y que si era culpable de su muerte ya no sentiría remordimientos. Entonces se levantó, cerró las valijas y se fue.

La luna se reflejaba en el agua y al pasar frente a la confitería donde se había sentado algunas veces con Marcela, le vino a la memoria el frío de sus manos al tomarlas entre las suyas. Era como si se lo trasmitiera y se lo hizo saber. Ella le respondió que debía ser porque sostenía el helado, pero él pensó que quizás se debía a que era tan fría y vacía como la novia que lo había dejado.

Marcela sirvió el desayuno al último huésped y luego fue a ver si Samuel se había marchado, pues no lo escuchó salir de la habitación. Pensó que aún podía hablar con él y se alegró. La noche anterior, después de dar vueltas en la cama sin poder dormir, llegó a la conclusión que tal vez él era como tantas otras personas que conocía para quienes un animal era algo más de su propiedad. Cuando ella le contó que el animal había muerto, él parecía un poco preocupado y hasta apenado. Recordó la expresión de su rostro y sintió lástima. Quizás lo perdonaría si él mostraba realmente arrepentimiento, así tuviera que enfrentarse a todo el barrio, pues sus clientas estaban enojadas. Eran capaces de formar un frente para ayudar a alguien o unirse para atacar al enemigo, y eran de temer. El forastero por supuesto, no estaba entre sus amigos y pese a que Isabel Arias tampoco era considerada parte del grupo, era una habitante de Correntoso y la elegirían si debían tomar partido. Ella era la última descendiente de los primeros europeos que fundaron Santa Catalina y aún mantenía su linaje y riqueza en línea directa, pues pertenecía a cuatro generaciones de familias adineradas. Como era la más rica del barrio se codeaba con todos los habitantes, pero mantenía cierta distancia sin llegar a tener amistad estrecha con nadie. Con las dueñas del negocio hablaba un poco más que con las demás, pero nunca se habían tratado fuera del local. Si se encontraban en las caminatas que solían hacer en las tardes durante el verano, no pasaban del acostumbrado saludo. Ella se sentaba sola en alguna de las mesas de la vereda, comía un helado o tomaba un té o café, acompañado de algún bocadillo, y sin permitir un contacto verbal con nadie. Se creía superior a todos y por muchos años, pudo llevar la vida lujosa de sus antepasados. La mayoría de los habitantes del barrio «Correntoso», como se llamó por estar cerca del río del mismo nombre, provenían de distintos países y aunque habían llegado pobres, habían logrado hacer fortuna trabajando la tierra o manejando sus propios negocios. Sólo los antepasados de Isabel llegaron con dinero y supieron duplicarlo, pero tuvieron pocos descendientes. Isabel terminó siendo la última descendiente directa de los Arias. Se había criado bajo la forma tradicional, en la cual las mujeres no salían de sus casas a trabajar. Ella estaba a punto de ser la única Arias venida a menos. Además, en Santa Catalina como en la mayor parte del mundo, empezaba a dificultarse el mantener una casa tan grande. Los tiempos de la servidumbre iban acabándose y surgía una clase media proveniente de los ricos que perdían su fortuna. Esa nueva clase ocupaba un eslabón en un mundo donde la promesa de una mejor educación y un trabajo bien pagado, permitía a personas como Isabel conformarse con guardar las apariencias y mantener la casa con la mitad de los empleados que acostumbraba tener. Los pocos que quedaban en su casa trabajaban por horas y en la noche, la única compañía era su perro.

Asunción fue la única persona que visitó a Isabel en la clínica y por eso tuvo que darle la noticia de la muerte de su perro. Al escuchar la noticia, Isabel contorsionó el rostro y mentalmente maldijo a Samuel Ortega. Ella había sido criada para no expresar o dar a conocer sus pensamientos íntimos y por eso los guardó para sí. Asunción imaginó que de alguna forma, aunque Isabel no llevaba una vida social activa pudo enterarse de la amistad entre su sobrina y el forastero. En todo caso, decidió callar, aunque le pareció que Isabel podía sentirse incómoda frente a ella. Optó entonces por dejar el hospital y prometió volver. Apenas dejó la habitación se arrepintió de haber ido.

Cuando Marcela entró al cuarto de Samuel y lo vio vacío, pensó que nunca más volvería a verlo. Sintió una pena inmensa, pero su amargura se transformó en rabia y se propuso olvidarlo. Pese a todo, su único amor era Sergio, aunque tener un sólo hombre en su vida era tan sólo una ilusión. Trató entonces de retomar su vida metódica y tranquila, pero no lo logró, pues enseguida volvía la imagen de Samuel.

Después, pasaron los minutos, los días y las semanas hasta que nuevamente su tía, Tomasa y Soledad volvieron a ser el centro de su vida. A las personas que frecuentaban el almacén las veía como clientas. Sólo tenía dos amigas cercanas, pero a una la perdió cuando se casó y se trasladó a otra ciudad. A Celia la seguía viendo, pero la amistad ya no era igual. Siempre que se visitaban la encontraba atareada con lo niños, el esposo, la casa, las flores y los animales que tenía. Era como si sólo ella tuviera tema de conversación y lo que pasara en la vida de Marcela no fuera novedad. El tiempo que duró la amistad con Samuel, fue a verla dos veces para compartir lo que le estaba pasando, pero ante las novedades de su amiga supuso que lo suyo no le parecería importante.

Pasados unos meses, Asunción pensó que Marcela debía estar contenta porque el forastero no daba señales de vida y poco a poco, todos se habían olvidado de él. Isabel Arias volvió a su hogar y para evitar estar tan sola, adecuó una parte de la casa e invitó a vivir al jardinero con su familia. El otoño también empezó a manifestarse, pero Asunción no veía contenta a su sobrina. La notaba aburrida y melancólica, algo que no era común en ella. Cuando llegaba el cartero, veía la decepción en su rostro porque sabía que esperaba una carta que tal vez nunca llegaría. Después de haber dado gracias a Dios porque el forastero se había ido, la tía empezó a rezar para que regresara y prometió aceptarlo como fuera, siempre y cuando su sobrina recobrara su alegría. Aunque Asunción sabía que eso no ocurriría del todo porque su sobrina ya no era la misma.

Viaje a la Capital

Capítulo 3

El otoño llegó y los turistas se fueron. Asunción y Marcela cerraron la parte donde estaban los cuartos de alquiler y se dispusieron a arreglar el cuarto de huéspedes para esperar a Verena, quien siempre las visitaba al terminar la temporada de verano. Eso dio un poco de alegría y quebró el hielo existente entre la tía y la sobrina. Verena había enviudado, y al quedarse sola y no tener hijos, visitaba con más frecuencia a su hermana. En vano trataron de hacerla regresar a Santa Catalina para vivir las tres juntas, pues la casa era grande, pero no pudieron convencerla. A ella la seducía la capital porque todo era más a su gusto. Allí podía llevar una vida más activa; le gustaba el teatro y la opera, que nunca ganaron popularidad en Santa Catalina. Además estaba satisfecha con su departamento de lujo, donde había vivido gran parte de su vida. A su esposo lo conoció siendo huésped del hotel, cuando su padre aún vivía. En ese entonces, muchos de los huéspedes llegaban porque se les dañaba el automóvil o porque era el primer cartel que veían de un hotel cuando descendían del tren. Cuando pavimentaron la ruta principal, dejaron un buen trecho sin tratar y eso era lo que provocaba daños en los automóviles. Por tanto, sus ocupantes iban a la calle de la costanera, donde el primer hotel que encontraban era el de «Las tres hermanas», nombre con el cual lo había bautizado su padre porque desde pequeñas las hijas habían tomado las riendas del lugar, a raíz de la larga enfermedad de la madre y luego, su fallecimiento. Ellas aprendieron a administrarlo. Asunción llevaba las cuentas y las dos hermanas menores se encargaban de la decoración. La madre de Marcela fue quien ordenó poner el aviso para que fuera el primero que vieran los pasajeros del tren, los transeúntes o los automóviles que pasaban por la ruta llena de baches y en mal estado. Más de una vez, Asunción pensó que si no hubieran vivido a la entrada del pueblo nunca hubiera conocido a Carlos ni Verena a su esposo o Marcela a Samuel.

Verena llegó un día nublado y gris. Fueron a esperarla a la parada del ómnibus. Tía y sobrina se alegraron de que ella no hubiera cambiado, siempre estaba alegre. A primera vista notaron algunas arrugas en su rostro, pero lo olvidaron tan pronto la tuvieron cerca y no pararon de hablar hasta llegar a la casa. Marcela condujo el viejo automóvil que había pertenecido a su abuelo. El mecánico que vivía a la entrada de la ciudad y del barrio, le cambió todas las partes y sólo dejó intacta la carrocería. Gracias al cuidado de quienes lo condujeron, el auto lucía como nuevo. Ella se alegró al subir en él.

-Todavía lo tienes y se ve en buenas condiciones.

-No manejamos mucho y Marcela lo cuida.

Llegaron a la casa alegres y se dispusieron a pasar un agradable rato juntas. Verena parecía una niña, recorría los cuartos y no dejaba de exclamar con jubilo: «Me gusta que nada haya cambiado: la casa, mi cuarto, todo parece igual, pero en ti sobrina, veo algo distinto, no sé. Tal vez hayas madurado un poco, no veo el brillo en tus ojos que siempre recuerdo».

-Me estoy volviendo vieja, no olvides que tengo 27 años.

-En esta familia nadie se vuelve vieja. Sólo Asunción siempre fue muy seria, en cambio tu mamá y yo éramos muy chiquilinas. Tú te pareces un poco a ella, pero tienes mucho de Asunción-. Marcela hubiera querido que siguieran hablando de su madre como si estuviera viva, pero siempre llegaban a un punto en que cambiaban la conversación como si temieran ponerse tristes o recordar algo que no deseaban.

- Mi ropa de cama está en el bolso de mano, así que no tengo que abrir las valijas. Mañana les entregaré los regalos.

Al día siguiente, cuando fue a la cocina vio que no estaban su hermana y su sobrina. Miró entonces el reloj y comprobó que eran casi las doce. Tomó una taza de café y se dispuso a preparar el almuerzo. Como acostumbraba la mayoría de la gente en el país, la comida principal era al mediodía. Asunción y Marcela cerraban el negocio desde las doce hasta las cuatro de la tarde y después de comer, Asunción solía tomar una siesta y Marcela leía o miraba una telenovela como fielmente lo hacían casi todas las mujeres y algunos hombres en las tardes. A Asunción sólo le gustaban las que se basaban en algún libro clásico o histórico porque las demás le parecían repetitivas. Casi siempre con uno o más malvados, y con tramas donde un bebé era raptado y aparecía años más tarde trabajando en la casa de sus padres, quienes no conocían su identidad y lo trataban mal. Y aunque la mayoría de las telenovelas ocurrían en el pasado, los personajes estaban siempre a la moda. A Asunción tampoco le gustaban esas novelas porque cada vez tenían contenidos más violentos y de sexo. Esto último le gustaba a Marcela. A pesar de sus 27 años, el sexo para ella era un misterio y admiraba a las protagonistas porque le parecía que tomaban el asunto a la ligera. A veces trataba de imaginarse en el lugar de las protagonistas que cambiaban de novio sin parar. Después de ver tantas escenas repetitivas se enojaba consigo misma porque la vida que mostraban era muy agitada, llena de tormentos y alegrías, mientras la suya era demasiado tranquila. Entonces se ponía furiosa por ser tan anticuada. Desde que Samuel partió, se alegraba de que su tía no mirara la televisión con ella a esa hora porque se sentía incómoda. Las telenovelas duraban tres meses o más y cada vez que una terminaba, ella prometía no dejarse atrapar por la siguiente, pero pasados los días se aburría y volvía al televisor todas las tardes.

A la hora de la siesta, Verena entró en la habitación donde Marcela estaba viendo la telenovela, justo en el momento en que mostraban una escena pasional. Marcela se sintió avergonzada como si hubiera sido sorprendida o fuera la protagonista. La tía sin embargo, pareció ignorarla, miró por un momento la pantalla, luego comentó que en la capital ya la habían presentado y le contó el final. Después de conversar un rato, apagó la televisión y llevó a su sobrina a la habitación para entregarle algunos regalos que le había traído. Abrió la valija y empezó a buscar. Marcela le señaló unas revistas que estaban encima y ella dio un salto para alcanzarlas y mostrarle a Marcela un artículo sobre Santa Catalina. «Habla hasta de algunas vecinas. El artículo más que de la ciudad parece estar dedicado a nuestro barrio». Marcela emocionada, casi se las arranca de la mano.

-Me dejas llevarlas a mi cuarto para verlas. Si son de nuestro barrio deben ser interesantes-. Y salió sin notar que dejó a su tía con la boca abierta. Puso las revistas sobre el escritorio y temblando, abrió la más reciente. El artículo se titulaba: «Ciudades desconocidas. Descendientes de los primeros pobladores de Santa Catalina». Ojeó algunas páginas y reconoció a algunas de sus clientas. Al final del artículo leyó que el autor era Samuel Ortega. En otra revista el artículo se titulaba: «La ciudad donde las calles pertenecen a los perros» y reconoció a algunos animales del barrio y hasta una foto tomada por ella. Mientras más miraba, su asombro aumentaba y una rabia sorda empezaba a tomar medidas desproporcionadas en su interior. De un impulso tiró las revistas contra la pared, pero luego las recogió y empezó a leerlas. El tiempo transcurrió rápido y estaba tan absorta en la lectura que se sobresaltó cuando escuchó un golpe en la puerta y una voz que le anunciaba la hora del té. Ese momento, cerca de las tres de la tarde, era tan sagrado como en Inglaterra. Las personas que debían volver al trabajo después de la siesta tenían esa costumbre, que probablemente nació en los lugares del país donde el mediodía era caluroso e impedía trabajar. Luego, a las cuatro en punto, la gente volvía a sus trabajos y los negocios abrían hasta las nueve de la noche. Marcela se alegró de que su tía no mencionara las revistas frente a Asunción, pues pensaba leerlas antes de que llegaran a sus manos. Después en el negocio, los nervios y la ansiedad estaban que la carcomían y terminó por excusarse ante sus tías para poder retomar la lectura.

En los artículos no tardó en reconocer la historia de los perros contada con sus mismas palabras. Por un momento, se sintió como una idiota haciendo las descripciones de los animales y contando algunas anécdotas sobre sus dueños. Mientras más leía más miserable se sentía. Cuando terminó de leer sobre los habitantes del barrio, sintió que la sangre le hervía. Nunca había sentido odio contra nadie, pero en ese instante deseó que Samuel Ortega se arrepintiera por haberla usado de esa manera. Pensó que si la vida no se encargaba de castigarlo, ella le haría pagar de alguna forma su osadía. Lo imaginaba burlándose de su ingenuidad. Él le había dicho que estaba enamorándose de ella y le creyó porque en ella también se estaba despertando el fuego de un sentimiento desconocido. En todo caso, agradeció no haber llegado muy lejos, pues siempre mantuvo cierta desconfianza. Había visto varias novelas en las que el protagonista llegaba a un pueblo y se burlaba de una inocente muchacha. Aunque Santa Catalina no era una ciudad pequeña, él como otras personas, le había hecho saber que el barrio era como un pueblo pequeño; las costumbres y las casas viejas, tan distintas de las que formaban la parte nueva de la ciudad, así como la gente sencilla que no cambiaba su forma de ser o actuar. En la mente de la muchacha todo empezó a tomar proporciones desmedidas y mientras más pensaba, más humillada se sentía.

Durante la cena, Verena le comentó a Asunción sobre la revista y ella manifestó su deseo de leerla.

-Quizás cuando lo hagas, te preguntarás igual que yo cómo un periodista pudo haber logrado tanta información. Creo que la descripción es exacta, él sabía de qué estaba hablando-. Marcela le pidió a Asunción dejarla terminar de leer las revistas y le prometió pasárselas tan pronto acabara. Por temor a que le preguntaran si ya las había leído, se precipitó a decir que aún no había empezado a leerlas.

Marcela se las arregló para que su tía la invitara a la capital, pero ella justo había desistido de hacerlo porque siempre que lo hacía ellas no aceptaban. A Asunción no le gustaba la gran ciudad porque era demasiado ruidosa para ella. Siempre había vivido en un lugar tranquilo y no quería complicarse la vida, viéndose empujada por la multitud que encontraba en las calles cada vez que dejaba el departamento de su hermana. Mientras su hermana la visitara, ella no veía la necesidad de sacrificarse viajando varias horas para no disfrutar nada. Algunas veces, Marcela había viajado sola y le encantaba pasar unos días con su tía, salir de compras, ir al teatro o comer en uno de los restaurantes lujosos que su tía frecuentaba. Pero después, empezaba a extrañar su hogar. Para Asunción siempre era más emocionante el regreso que la partida. Al ver que su tía no pensaba invitarla, Marcela le dijo que quería ir unos días a visitarla. La tía se puso contenta al ver que su sobrina estaba tan ansiosa, pues había pensado lo contrario. Hicieron planes y le preguntaron a Asunción si quería acompañarlas, pero ella dijo que no. Desde que Marcela anunció su viaje, la notó preocupada y pensó acompañarla, pero su instinto le decía que Samuel tenía algo que ver con el deseo de su sobrina de ir a la capital. La noche anterior a su partida, entró al cuarto de ella y le dijo que apenas su hermana mencionó la revista intuyó que Samuel había escrito en ella. Recordaba que al llegar, les había dicho que era periodista y había mencionado que su estadía en Santa Catalina se debía a que buscaba información para un artículo.

- Quieres verlo para preguntarle porque se fue sin despedirse, ¿verdad?

-No tía, quiero verlo para preguntarle por qué me usó. El dijo que había sido enviado a nuestra ciudad para escribir sobre el lugar, pues su intención y la de la revista era dar a conocer lugares poco conocidos. Siempre que presentó a sus lectores un lugar nuevo, éste fue visitado por muchos turistas. Por eso lo ayudé, pensando que al dar a conocer a Santa Catalina vendrían más turistas y eso ayudaría a incrementar la economía.

También le dijo a su tía que quería denunciar a la revista por escribir sobre algunas personas sin haberles pedido autorización. Además, no le parecía que lo escrito fuera una presentación del lugar, sino más bien un tema propio de una revista sensacionalista. La forma en que contó la historia de algunas personas que ella conocía y que le presentó a él, las hacía aparecer como las chismosas de la aldea. Había distorsionado todo y estaba segura de que si alguien en el barrio leía la revista, la culparían de haber colaborado por hacerlas hablar confiadamente de cosas muy privadas. Y sobre el artículo de los perros, no se mencionaba a Correntoso, pero ella sabía que la descripción la había hecho ella, y por tanto, el artículo le pertenecía y no pensaba permitirle ganar dinero a costa de ella.

No le dijo a su tía que por momentos pensaba hacer eso para vengarse, pero a la vez se preguntaba: ¿De qué? Quizás lo que deseaba era simplemente volverlo a ver para decirle en la cara que se había burlado de ella cuando le dijo que estaba enamorado. Pero a la vez, deseaba que él le dijera que la amaba o que diera cualquier excusa o explicación que justificara lo sucedido. Imaginaba oyéndole decir que estaba dolido porque ella le había gritado y echado del hotel. O que se había ido sin despedirse y no le había escrito porque pensaba volver y pedirle perdón personalmente. Pensar en todo eso la hizo sentir feliz y repitió que lo amaba. Sin embargo, la ilusión y la alegría le duraron unos segundos, pues la ira la invadió, así como la amargura de sentirse impotente.

El día de su partida llegó. Asunción le preguntó si aún estaba dispuesta a denunciarlo y ella le dijo que sí. Asunción había leído el artículo y suponía que todos estarían en contra de su sobrina ya que pensarían que se había puesto de acuerdo con él para ayudarlo a sacar información. Al quedar sola no pudo dejar de admirar a su sobrina. Pensó en su pasado y en lo que hubiera sucedido si ella hubiera ido en busca de una respuesta cuando Carlos se fue y no volvió a saber de él. Quizás no hubiera vivido toda la vida preguntándose al respecto.

En el ómnibus, su tía estaba cada vez más intrigada. A su lado iba una joven que aparentemente disfrutaba el viaje. Asunción le había contado sobre Samuel, pero no lograba entender si Marcela iba sólo a enfrentarse al joven que la había engañado o porque también gozaba del viaje. Juntas recordaron anécdotas del pasado, unas tristes y otras alegres, y así pasaron de un estado de ánimo a otro en pocos segundos. El viaje duró toda la noche y ellas fueron las únicas que no durmieron. Llegaron a la capital en la tarde, cansadas, y por un momento, sacaron de sus mentes a Samuel y la revista. Cenaron temprano y se fueron a dormir. Marcela al sentirse sola quiso ordenar sus pensamientos, pero estaba tan cansada que el sueño la venció. Al otro día, despertó temprano. Había dormido profundamente y al abrir los ojos no pudo reconocer o recordar dónde estaba. Pero al volver a la realidad, sintió un sabor amargo en la boca y tuvo algo de miedo al pensar que ese día volvería a enfrentarse con Samuel. Se levantó y repasó la dirección de la revista que había encontrado con la ayuda de su tía. Luego la buscó a ella por el departamento y no la encontró. Se dispuso entonces a preparar algo para desayunar, pero ella llegó cargada de paquetes. Juntas hicieron el café y pusieron en la mesa medias lunas de hojaldre que eran sus favoritas. Marcela hubiera preferido estar sola para haber salido apenas se levantó. Su tía trató de convencerla de llamar por teléfono a la revista antes de ir, pero ella no la escuchó. Verena vio ante ella a una persona desconocida, ya no era la jovencita que la había visitado muchas veces y que vivió en su casa mientras estuvo en la Universidad. Antes solamente salía sola para ir a las clases, pues todos los paseos los hacían juntas. Comprendió entonces que debía dejarla sola y así lo hizo.

Marcela llegó al edificio de la revista y leyó el número dos veces antes de entrar. Ante la recepcionista se dio cuenta que a pesar de que pensó en mil formas para presentarse, no supo qué decir. Entonces preguntó por Samuel Ortega y se enteró que estaba de viaje. Lo imaginó en otra ciudad tratando de lograr información a toda costa. Quizás también estaba mintiéndole a alguna joven para que le facilitara el trabajo y entonces, sintió celos. Pidió hablar con el jefe de producción o el director de la revista, pero como no tenía una cita, le dijeron que no podía ver a nadie sin haber concertado antes una entrevista. De pronto se le ocurrió decir que quería publicar un aviso y entonces la persona que estaba atendiéndola tomó el teléfono, hizo una llamada y luego la condujo a una oficina. Cuando vio que tenía en frente a una mujer se alegró porque de pronto podía entender mejor el motivo que la había llevado hasta allí. Sin embargo, la mujer se enojó cuando Marcela le explicó que había mentido. Inmediatamente se levantó y le señaló la puerta. Marcela trató de averiguar cómo hacer para que alguien la ayudara y la mujer le aconsejó esperar el regreso de Samuel y le sugirió dejar el número de teléfono. Así lo hizo.

Pasaron dos semanas en las que Marcela fue al teatro, al cine y de compras con su tía. La seguía como una sonámbula, nerviosa de dejar el departamento pensando en que tal vez en su ausencia él la llamaría. Un día, ya resignada, su tía le dijo que tenía un mensaje en el contestador y la dejó sola. Al escuchar la voz de Samuel, los sentimientos encontrados volvieron a apoderarse de ella. El parecía no estar asombrado de oírla y le pedía que lo llamara al día siguiente en la mañana. El número que dejó era el de la editorial y Marcela sintió una enorme desilusión por la frialdad del mensaje. Probablemente no se acordaba de ella o la confundía con algún cliente.

Su tía no le preguntó nada y ella tampoco le contó. Al otro día, la invitó a salir, pero ella se excusó y dijo que quería quedarse porque debía hacer una llamada. Su tía entendió y la dejó presintiendo a quién llamaría.

Ya sola, a Marcela le tomó tiempo decidirse a marcar. Después de planear muchas formas de hablarle, se dio cuenta que hasta no estar frente a él no sabría qué decirle. Finalmente lo llamó y al escuchar su voz habló precipitadamente y casi le ordenó concertar una cita. Él sin asombro, aceptó encontrarse en la plaza cercana al departamento. Ella llegó más temprano de lo convenido. Estaba nerviosa y se sentó en un banco. Para tranquilizarse miró a su alrededor y vio a una anciana llevando a un perro parecido a Mimosa. No pudo frenar el impulso de acercársele y hablarle, pero el perro fue indiferente al sentir sus manos sobre el lomo. La anciana se sentó cerca a ella y le dijo que el perro se llamaba Caprichoso. Marcela quiso saber el por qué de ese nombre y supo que el perro tenía su carácter, a veces se levantaba de mal humor y ese era uno de esos días. Por el nombre, Marcela se dio cuenta que era macho y pensó que tal vez eso lo diferenciaba de Mimosa. Su dueña también le contó que el perro padecía de alergia en la piel y que después de haberlo comprado se había enterado que eso era común en su raza. Le dijo que si hubiera sabido antes no lo habría comprado y a Marcela le sonó extraño que alguien hablara de la compra de un perro como si fuera una mercancía, aunque sabía que en la parte rica de Santa Catalina eso también ocurría. En su barrio en cambio, había tantos perros que podía elegirse uno en la calle o averiguar quién tenía una perra con cría para pedir un cachorro. La anciana notó que la joven había malinterpretado sus palabras y le explicó que el único motivo por que cual se arrepentía de haberlo adoptado era porque le resultaba costoso el tratamiento de las alergias, pues ella era jubilada y aunque era difícil mantenerlo, no pensaba dejarlo mientras pudiera alimentarlo y cuidarlo. Por un momento, Marcela olvidó la razón por la cual estaba en la plaza, pero volvió a la realidad cuando escuchó su voz. Al contrario de como sonaba por teléfono, lucía desconcertado y contento de verla. Ella no supo cómo saludarlo. Él abrió los brazos, pero ella le estiró la mano como si no supiera comportarse. Él le sugirió ir a tomar un café y ella lo siguió, pero antes se despidió de la anciana agitando la mano. Luego miró a Caprichoso y recordó a su perrita. Samuel ni siquiera se percató de la presencia del animal y Marcela recordó con dolor que al comienzo él miraba con desprecio a Mimosa, aunque al cabo de unos días demostró algo de cariño. Eso la hizo pensar que tal vez también en eso había mentido. Caminaron una cuadra en completo silencio y luego él señaló un café a donde se dirigieron. Ella entró y sin mirarlo, se encaminó a la primera mesa libre que encontró. Ambos esperaban que el otro iniciara el diálogo hasta que al final ella rompió el silencio. Sacó las revistas del bolso y las puso sobre la mesa. Él se incomodó y ella intuyó la razón.

-¿Qué me dice sobre esto?-, dijo Marcela a la espera que el dijera algo. Él la miró inseguro de saber qué contestar. Su expresión iba del asombro a la incredulidad. -Si hubieras querido esta información, simplemente la hubieras pedido. Dependía de mí ayudarte o no. No necesitabas mentirme a mí ni a todas la personas del barrio a quienes engañaste haciéndote pasar como un amigo para que hablaran. Estoy segura que en la revista te pagaron bien por los dos artículos. Hasta a los perros les debes perdón por haberlos discriminado hablando sólo de los que te parecían disfrutar de buena vida y olvidando a los menos favorecidos. Al menos te hubieras tomado el tiempo necesario para investigar sobre las distintas razas o costumbres y no usar mis palabras. Tú mismo me dijiste que no sabias nada de ellos porque en el centro de la ciudad no tenías muchas oportunidades de conocerlos-. Aunque Marcela se había propuesto hablar sin emociones, sentía que poco a poco empezaba a flaquear. Su rabia iba convirtiéndose en tristeza y una pena enorme se apoderaba de ella. Miró a Samuel esperando una repuesta, pero él estaba desconcertado. Finalmente se decidió a hablar y lo hizo con voz insegura.

-Perdón, no creí que te estaba haciendo mal-. Pero no le dijo que nunca pensó que ella leería la revista porque se había asegurado de que no llegara a Santa Catalina. Aunque muchas veces se había arrepentido de lo que hizo, obedeció a un momento de rabia porque ella lo había humillado al echarlo del hotel sin ninguna explicación. Pensó que pronto se olvidaría de todo, pero no. Fue ascendido en su trabajo gracias al buen reportaje que presentó y la revista recibió gran correspondencia de sus lectores felicitando al periodista. Hubo días en que deseó viajar a Santa Catalina para hablar con Marcela y explicarle cómo habían ocurrido las cosas, pero volvía a su mente la otra mujer, que aunque distinta a ella, era mujer al fin. A veces pensaba en ambas e imaginaba que estaban saliendo con otro y los celos lo cegaban. Eso no se lo dijo.

De pronto, la tenía enfrente de él y se sintió importante al pensar que ella había viajado exclusivamente para reprocharle el haber mentido. Ella se veía tan sensual estando enojada que deseó acercarse a ella, pero optó por volver a pedirle perdón y explicarle lo que había hecho. De pronto, como si otra persona se posesionara de él, no le dijo la verdad sino que tuvo el mal gusto de preguntarle si quería que le pagara la mitad de lo que había ganado. Ese fue su peor error. Ella se puso lívida y furiosa y le preguntó a la vez si pensaba pagarle también a cada persona cuya historia había aparecido en la revista sin su autorización. También le preguntó cómo pensaba reparar el daño que le había causado a Isabel Arias, quien no se había recuperado del todo, después de haber sido brutalmente golpeada. Luego se levantó y le dijo que la próxima vez que oiría de ella sería por medio de su abogado. Samuel salió tras ella, pero el camarero lo atajó para que pagara la cuenta. Al salir, ella había desaparecido.

Verena le sugirió demandarlo, pero ella no pensaba hacerlo aunque le había dicho a Asunción que lo haría. En un comienzo pensó obligarlo a darle la mitad de lo que había ganado, pero como él lo sugirió no le pareció bien. La idea era obligarlo para que sintiera que estaba siendo castigado; aceptar su oferta en cambio, era como unirse a él y a los que lo felicitaron por la publicación que tanto mérito le dio. Marcela ya no estaba segura en cuál había sido su empeño en verlo. Y se sintió peor al pensar que ella había soñado con que él le pediría perdón y cuando lo hizo, no le creyó. Luego admitió con tristeza, mientras subía al departamento, que estaba tontamente enamorada y tuvo rabia consigo misma. De pronto, retornaron a su cabeza las palabras finales que le dijo a Samuel y pensó que no podía echarse atrás y debía demandarlo.

Al día siguiente, Verena llegó acompañada con un invitado a quien presentó como el abogado Julio Pedrazo. Le explicó a Marcela que ella le había presentado su caso y que él pensaba que tenía un buen motivo para demandarlo, pero necesitaba escuchar toda la historia. Así fue como Marcela se encontró hablando de los últimos meses y sintió que volvió a revivir algunos pasajes de su vida. El abogado la escuchaba y a veces le hacía preguntas que la hacían sentir como si ella fuera la demandada. Eso le dio rabia y sintió que estaba diciendo demasiado. Miró el rostro de su interlocutor, pero no vio ninguna señal de asombro ante lo que le decía. Se arrepintió entonces de haber sido tan explícita y trató de contestar más despacio para pensar mejor lo que decía. Se frenó y empezó a decir lo menos posible. El abogado pareció darse cuenta y dio por terminado el interrogatorio. Verena adivinando la situación, volvió a la sala y propuso pasar al comedor para beber algo, pero Pedrazo se excusó y dejó el departamento, dejando una tarjeta con sus datos y concertando otro encuentro para el día siguiente.

Una vez solas, Marcela le pidió a su tía que no le hiciera preguntas y ella se sintió un poco decepcionada y prendió la televisión.

Esa noche, Marcela no pudo conciliar el sueño y varias veces se repitió que no recordaba haberse sentido tan desconcertada e insegura como en ese momento. Se acercó a la ventana y miró con asombro que hubiera tanta gente en la plaza a esa hora. Había parejas y las imaginó tomadas de la mano, diciéndose palabras dulces. Pensó que quizás ella nunca viviría algo así, pues su destino era tener una vida tranquila. En su juventud, cuando todos los amigos de la infancia disfrutaban de bailar o reunirse en la plaza de Correntoso o en alguna confitería, ella prefería quedarse haciéndole compañía a su tía o leyendo un libro con Mimosa cerca. Era feliz y no quería otra cosa. Pero cuando terminó la universidad y regresó, encontró a sus amigas casadas o lejos de Santa Catalina en busca de un trabajo mejor. En ese momento sintió que faltaba algo en su vida y pensó en decidir sobre su destino. Entre sus planes programó casarse con Sergio Ayala porque sabía que lo amaba y él era su alma gemela. Los dos pensaban igual y les gustaban los animales. Con él vislumbraba un futuro perfecto. Planeó que cuando volviera con su título de veterinario, ella lo ayudaría y a la vez, seguiría trabajando en el almacén de su tía para estar siempre junto a los dos seres que más amaba en el mundo. Sin embargo, su sueño empezó a desmoronarse cuando Sergio terminó la Universidad y se quedó a vivir en la capital porque encontró un buen trabajo. Los dos últimos años ni siquiera visitó a sus padres, quienes luego se mudaron para estar cerca de su hijo. Marcela perdió entonces las esperanzas de volverlo a ver. Recordó que la última vez que lo había visto, él la trató como siempre lo había hecho y le repitió lo importante que era para él. Ella le preguntó si aún la consideraba la hermana que nunca tuvo y él abrazándola le dijo que sí. Su amargura fue tan grande, que evitó encontrarse con él hasta el día en que se despidieron y él bromeando le dijo que a su regreso esperaba encontrarla casada. Cuando conoció a Samuel se dio cuenta que podía volver a tener ilusiones. Y esa noche para tranquilizarse y poder dormir, se dijo riéndose de sí misma que seguramente, la tercera sería la vencida y esa tercera no sería Sergio ni Samuel.

Cuando Julio Pedrazo volvió al día siguiente, ya no estaba tan seguro de que Marcela tuviera probabilidades de llevar su caso a la Corte. Sacó unos papeles del portafolio y le dijo que trataría de ayudarla, pero que quizás no lograrían un triunfo completo. Ella podría presentar una queja diciendo que Samuel la había usado para averiguar cuanto pudo sobre el tema que pensaba presentar en la revista, pero no creía que encontraran una forma de probarlo. No había nada escrito, sólo sus palabras. En cuanto a la información que obtuvo sobre la vida privada de los habitantes del barrio Correntoso, sólo podría probarse si las personas involucradas, se presentaban a testificar diciendo que las instó a hablar con el objeto de hacer públicas sus vidas privadas, y que al exponer ciertas cosas, se verían envueltas en problemas.

- Lo mejor es demandar a la revista argumentando que si alguien escribe sobre la vida privada de una persona está entrometiéndose en su esfera privada, tal como lo señala el artículo 19 de la Constitución Nacional, que dice: «nadie está obligado a hacer lo que la Constitución no manda, siempre y cuando las acciones de los hombres de ninguna forma ofendan la moral y las buenas costumbres que están sujetas a Dios». Pero de esta manera, el juicio podría ser catalogado como violación a la privacidad y eso lo hace complejo porque por un lado, involucra el derecho a la información y por otro, el derecho a la privacidad. Así resulta difícil determinar el límite entre lo privado y lo público, y los jueces lo juzgan según cada caso. Generalmente, la pena que se le impone a las revistas es una compensación por daños y perjuicios, y siempre es de carácter pecuniario (en dinero), por escribir sobre asuntos privados, en su mayoría, falsos. Y creo que ese no es el caso porque dice que las personas contaron libremente sobre sus vidas y eso lo dificulta más.

Además, Marcela no tenía ninguna prueba de que Samuel hubiera usado sus palabras para escribir el artículo que le dio tanto éxito. Pero aún así, podían tratar de presentar el caso si ella probaba que él le había causado un daño sicológico y moral. Al comienzo eso le pareció ridículo y quiso pedirle al abogado que se olvidara de todo, pero de pronto se sintió furiosa y dijo que si había una esperanza de ganar lo demandaría.

- Voy a estudiar su caso un poco más- dijo el abogado. -De todos modos, por qué no intenta hablar con el acusado para ver si pueden llegar a un acuerdo. ¿Usted desea que él le pague por lo que ganó gracias a su ayuda? O tal vez se siente herida y desea tomar venganza. Si es así no lo haga, es mejor que hable con él.

-Veo que usted no quiere ayudarme.

-Créame que me gustaría hacerlo, pero no quisiera que gastara su dinero por una causa que tiene pocas posibilidades de ganar. Pero si quiere, seguimos con el caso.

Marcela confirmó que eso era lo que deseaba y él se retiró. Al despedirse de Verena, el abogado le comentó cómo veía las cosas y que creía que su sobrina gastaría mucho dinero y él no podía garantizarle que iban a ganar.

Verena debía salir e invitó a su sobrina para que la acompañara, pero ella se excusó diciendo que necesitaba estar sola. Se sintió mal, sabía que no estaba portándose bien. Recordó la expresión de alegría de su tía cuando le dijo que quería pasar unos días con ella. En parte era verdad porque deseaba salir de la monotonía y sentirse mejor, pero en el fondo lo que quería era volver a ver a Samuel. Miró por la ventana y vio a la anciana con su perro en la plaza. Impulsivamente tomó el ascensor y bajó. Se alegró de ser bien recibida y entonces, se presentaron.

-Mi nombre es Clara Wayne, pero puedes llamarme Clara. Soy muy moderna y me gusta que me llamen por mi primer nombre, eso me hace sentir más joven-. Luego hablaron del tiempo y Marcela le contó de Asunción.

-Parece que la extrañas mucho-. Dijo y enseguida pasaron a hablar de Caprichoso, que parecía estar de mal humor porque estaba sufriendo una de sus alergias habituales. Marcela le contó la forma como curaba a Mimosa del mismo mal. Clara lo sabía, pero estaba esperando cobrar su pensión para comprar las medicinas. Marcela se ofreció a comprarlas, pero la anciana se sintió humillada. Marcela entonces, trató de arreglar la situación y dijo que le prestaría el dinero mientras ella cobraba la jubilación. Al rato, fueron al departamento de Clara y Marcela le ayudó a darle un baño al perro y la medicina. La anciana abrió una lata y calentó una sopa, pero Marcela se ofreció a preparar algo mejor. Le dijo que tanto ella como Asunción, eran buenas cocineras y preferían no comer alimentos enlatados. Al terminar, se despidió y notó que Clara estaba emocionada. «Dios debe haberte enviado», le dijo.

Marcela regresó al departamento sintiéndose contenta. Era como si por varios días hubiera estado cargando un enorme peso y de pronto, no lo tuviera. Sin embargo, su tía la trajo de vuelta al estado emocional anterior cuando le dijo que Samuel la había llamado.

Comentaron sobre el día trascurrido y Marcela intuyó que su tía deseaba saber si llamaría a Samuel, así que le dijo que lo haría al día siguiente para que no pensara que estaba ansiosa de escuchar su voz.

Al día siguiente se levantó tarde. La voz de Samuel en el contestador de alguna manera, había calmado su ira y por primera vez, desde que llegó a casa de su tía, durmió bien. Cuando se levantó vio que ella había salido y le había dejado una nota donde le decía que llegaría tarde. Automáticamente, se dirigió al teléfono, pero dio vuelta atrás y fue a la cocina. Debía pensar antes de llamar. El aroma del café le abrió el apetito y se preparó unas tostadas. Comió despacio y pensó qué le diría, pero cayó en cuenta que no debía anticiparse sin saber antes la razón de su llamada. El sonido del teléfono la sacó de sus pensamientos y pese a estar pensando en él, su voz la tomó por sorpresa. Samuel le pidió una cita al mediodía en el mismo parque y ella aceptó sin hacer ninguna pregunta. Al colgar miró el reloj y comprobó que quedaba más de una hora. Miró por la ventana y vio a Clara y Caprichoso. Ella estaba sentada en el mismo banco y el animal a su lado, como si estuvieran mirando a los transeúntes que cruzaban por el parque. Tuvo la intención de ir a saludarlos, pero recordó que no quería que Samuel pensara que ella estaba ansiosa de verlo, así que para que el tiempo pasara rápido, empezó a hacer las valijas. Pasadas las doce, miró por la ventana y vio a Samuel hablando con Clara. Había llegado temprano. Ella terminó de empacar y volvió a mirar. Aún estaban conversando y parecía que Samuel preguntaba sobre Caprichoso porque tenía la cabeza inclinada hacia el perro y lo estaba acariciando. Pensó hacerlo esperar más, pero de pronto vio que Clara señaló el departamento y él giró la cabeza hacia donde ella estaba.

Clara no sabía en que piso vivía o el motivo que la llevó allí, y pensó que sería mejor bajar antes de darle oportunidad de averiguar algo más.

Marcela notó que Samuel clavó sus ojos en ella cuando cruzó la plaza. Ella le dijo a modo de saludo, que había estado entreteniéndolo mientras ella llegaba. Él la saludó amablemente y le preguntó dónde podían hablar, luego se despidieron de Clara y se dirigieron al mismo lugar donde habían estado antes. Empezaron a conversar y luego, él quiso saber qué había hecho ella durante su estadía en la gran ciudad. Marcela se asombró cuando le preguntó por Asunción. De pronto, Samuel miró el reloj y se excusó de tener poco tiempo. Le dijo que había pedido verla para sugerirle que no llevara el caso a la Corte. Por un momento, ella alcanzó a pensar que él realmente quería verla, así que se arrepintió de haber aceptado el encuentro y sintió que la ira la invadía. Volvió a gritarle que había actuado de manera ruin y de la posibilidad de que la revista llegara a manos de los habitantes de Correntoso, quienes la acusarían de haberlo ayudado. Él también perdió la compostura y le gritó que ya le había pedido perdón. Por un segundo, ella se calmó y estuvo a punto de retractarse, pero cuando él volvió a decirle que si quería le daría la mitad de lo que había ganado por el artículo. Marcela esperó que agregara que si lo perdonaba podrían ser amigos, pero no fue así. Quiso entonces decir algo, pero sintió que se ahogaba y sin agregar más se levantó. En el mostrador los meseros se miraban como si estuvieran disfrutando la pelea. Marcela se molestó y se dirigió a la puerta. Samuel tiró un billete sobre la mesa, la miró con rabia y le dijo: «Haz lo que quieras». Ella quiso contestarle que lo haría, pero las lágrimas la ahogaron y dejó el lugar tropezando con la puerta al salir. Samuel la alcanzó antes de que entrara al edificio y volvió a pedirle que se olvidara de llevarlo a la Corte porque como había dicho el abogado, iba a ser muy difícil probar que la había usado o mentido para obtener información. Como ella no contestó, repitió que era muy probable que las damas de Correntoso se enteraran y que él estaba arrepentido de lo que había hecho, pero sólo recibió un gesto de reproche. Él le dijo entonces que si ellas se enteraban iría a Santa Catalina personalmente y les pediría perdón. Sin embargo, ella seguía esperando las palabras que no pronunciaba y entonces, le dio la espalda y se dirigió al ascensor.

En el departamento su tía estaba hablando con Julio Pedrazo y recordó que él había prometido volver. Se saludaron y él volvió a preguntarle si realmente quería demandar a Samuel Ortega y ella dijo que sí. Él le entregó unos papeles y le sugirió leerlos antes de firmar. Como en una pesadilla, lo oyó explicarle el procedimiento a seguir con los papeles que le había entregado y le pareció que el abogado había interpretado mal lo que ella le había dicho. En palabras del abogado todo sonaba distinto y Samuel parecía tomar proporciones gigantescas; ya no era el mentiroso que le había dicho que la amaba. Mientras más escuchaba, él se trasformaba en un malhechor y un ladrón, aunque ella no lo había descrito así. Sintió entonces deseos de defenderlo, pero estaba demasiado cansada y sólo quiso terminar con lo que estaba convirtiéndose en un mal sueño. Se disculpó, tomó los papeles y dejó la sala con la promesa de leerlos cuidadosamente.

Tirada sobre la cama y mirando el techo, trató de poner su mente en blanco, pero Verena entró en la habitación. Hablaron y Marcela le contó el motivo que la había llevado a visitarla. Se disculpó por haberle mentido cuando lo que realmente deseaba era enfrentarse al hombre que le estaba causando tantos sinsabores.

-Yo lo sabía, hablé con Asunción y me dijo que no te sentías muy bien. Ella sabía el motivo de tu viaje. ¿Sigues pensando en demandarlo?

-No sé, por momentos me dan ganas de olvidarme de todo, pero cada vez que lo veo me enojo tanto que terminamos peleando.

-Tú estás enamorada-. Le dijo y ella se ruborizó.

Salieron a cenar y al regresar encontraron un mensaje de Clara, en el cual le pedía que la llamara. Así lo hizo, pero como no contestó decidió ir a visitarla. El portero que salió a su encuentro, le dijo que la anciana se había sentido mal y habían llamado una ambulancia, pero antes, le había dejado una nota en la que le pedía que cuidara a Caprichoso. Enseguida, ella subió a verlo. Al día siguiente fue a visitarla al hospital y ella le contó que no tenía parientes. Había inmigrado con su esposo y como nunca tuvieron hijos, cuando él falleció quedó completamente sola. Sus parientes y demás familiares eran judíos y fueron exterminados en campos de concentración durante la Segunda Guerra Mundial. Marcela le dijo que en el barrio nadie veía la necesidad de promulgar su religión y que probablemente habían muchas personas judías en su barrio, pero ella no lo sabía con certeza. Como era la primera persona judía que conocía, le dijo que le gustaría saber más sobre su vida y así se enteró que los judíos eran una comunidad grande en la capital y que nunca se habían aislado. El relato hizo olvidar a Marcela sus problemas y esa noche habló con su tía hasta tarde. Le preguntó sobre sus antepasados, pero notó que su tía no sabía mucho al respecto. Durante la conversación, Marcela se asomó varias veces por la ventana para mirar el departamento de Clara, pues le preocupaba que Caprichoso estuviera sintiéndose solo. Su tía le dijo que en su edificio no se permitían perros, pero que dado que Caprichoso era pequeño y sólo estaría por unos días, hablaría con el encargado para que les permitiera tenerlo. Al día siguiente, el perro estaba con ellas.

Pasaron varios días entre las visitas al hospital y el cuidado de Caprichoso y Marcela no tuvo tiempo para firmar los papeles que le entregó el abogado. Su intención era imponer una demanda de poco peso, pero el abogado le dijo que si presentaba al culpable como a un niño bueno, ningún juez estaría interesado en perder el tiempo en un juicio que estaba perdido antes de iniciarse. Entonces, volvió a llamar a Samuel, con la idea de que necesitaba irritarse de nuevo para decidir qué hacer, pero en la revista le dijeron que había salido fuera de la ciudad para hacer un reportaje.

Clara salió del hospital, pero estaba tan débil que Marcela dedicó unas horas del día para cuidarla y también a

Caprichoso. Los resultados fueron tan positivos que el animal fue pareciéndose cada vez más a Mimosa. Como ambos eran de la misma raza, eran tranquilos y cariñosos. Hasta su tía que nunca fue amiga de tener mascotas, lo sentaba a su lado cuando miraba televisión.

Un día el abogado le preguntó a Marcela por la firma de la demanda y ella le dijo que estaba esperando hablar con el acusado.

- Me parece que en el fondo usted no quiere demandarlo. Más bien pienso que es una rencilla de enamorados. Yo le estoy cobrando por días y mientras más tarde en decidirse, mas caro le saldrá. Samuel debe ser un tonto para estar dándole tan malos momentos. ¿Está segura que tiene un cargo contra él?

A Marcela le molestó que el abogado le hablara como si fuera una niña caprichosa. Pero se abstuvo de decir algo porque no le gustaba contestar de manera inapropiada. De hecho, se sentía bastante mal cuando le gritaba a Samuel, pues nunca lo había hecho con nadie. Así que sin saber qué más decir, aclaró que estaba insegura de si realmente quería llevar el caso a la Corte.

Durante varios días, Marcela acompañó a Clara y aceptó las invitaciones de su tía a salir. Llevaba más de un mes lejos de su hogar y le parecía mentira. Con frecuencia llamaba a Asunción y como ella no le pedía que volviera, entonces no hacía planes de regresar. Además, no extrañaba mucho su vida y su trabajo en el negocio, pues se mantenía activa y eso la tranquilizaba. Hasta su querella con Samuel le parecía ridícula. Sin embargo, se preocupó un día en que Asunción le dijo que tenía una gripe muy fuerte y deseó estar cerca de ella. Para entonces Samuel regresó y volvieron a encontrarse.

- Me imagino que aún estás empeñada en seguir con la demanda, pero por qué no vamos a cenar y hablamos de cosas triviales como lo hacíamos en Santa Catalina.

Marcela pensó que él estaba tratando de hacerla olvidar su enojo, pero aceptó salir y pasaron una velada como en Santa Catalina. Al día siguiente, el abogado la llamó y le dijo que por Verena se había enterado del regreso de Samuel y por eso deseaba saber qué había decidido. Ella prometió pensarlo una vez más, pero al cabo de dos días de no tener noticias de Samuel, decidió firmar.

Una mañana, el teléfono sonó y Marcela corrió a contestar, rogando que fuera Samuel, pero enseguida reconoció la voz de Tomasa, quien le dijo que Asunción estaba nuevamente enferma y le pidió que volviera. Entonces, decidió regresar a Santa Catalina enseguida y le recomendó a su tía que cuidara a Clara y Caprichoso. Su tía le preguntó por los papeles y ella le contestó que los había firmado y se los entregó, pero le pidió que no se los diera aún al abogado. Al día siguiente, mientras esperaba la hora de ir al aeropuerto, pasó a donde Clara, le dio un baño medicinal a Caprichoso y le compró las medicinas que necesitaba. De vuelta al departamento, preguntó si Samuel había llamado y cuando supo que no, se despidió de su tía y le pidió que le entregara los papeles al abogado.

Ya nada es igual

Capítulo 4

Fue la primera vez que Marcela viajó en avión y le sorprendió mucho estar tan distante de la tierra. Quiso que el avión se sacudiera un poco para sentir que realmente estaba volando, y como si Dios hubiera escuchado sus deseos, sintió por un segundo que el asiento se desprendía, caía al espacio y luego, todo se sacudía. El piloto anunció que atravesaban una zona de tormenta y aconsejó usar el cinturón de seguridad. Por un rato, Marcela disfrutó el vaivén y recordó cuando era niña y se balanceaba alto. Ese recuerdo la hizo olvidar por un instante, el motivo que la llevaba de vuelta al hogar y la había obligado a dejar sola a su tía. Cuando todo volvió a la normalidad, la preocupación por la salud de su tía y la rabia hacia Samuel, de nuevo se apoderaron de ella. De pronto, el avión empezó a descender y vio a Santa Catalina desde lo alto. Muchas veces escuchó decir que la ciudad era un oasis en el desierto. El río Correntoso al sur y el río Bravo al oeste, junto con algunos arroyos, hacían del lugar un cuadro pintoresco y variado. Más allá de la ciudad sólo había tierra desértica. Al descender aparecieron algunas estancias verdes con animales pastando y enormes huertas de vegetales y frutos, que hacían más colorido el paisaje junto a los techos rojos de las casas, el color de los árboles y las piscinas. Al sur se veía el barrio que terminaba en la costanera. El paredón de piedra y la avenida ancha, le recordaron las caminatas de la infancia que disfrutó junto con su tía, y meses atrás, con el que se convirtió en su peor enemigo. El avión bajó tanto que pudo jurar haber visto el cartel con el nombre del hotel. Luego, cuando contó sobre esto le dijeron que debió haberlo imaginado porque el avión entraba al aeropuerto por el noroeste y no sobrevolaba la ciudad. En todo caso, ella supo cómo se veía la ciudad desde arriba.

Al llegar a casa, Tomasa la esperaba para ir al hospital. Marcela estaba emocionada de volver y miraba a cada transeúnte esperando reconocer a alguien. También a cada perro con la esperanza de encontrar a alguno parecido a Mimosa, al cual estaba ansiosa de ver.

Marcela se puso nerviosa al ver a Asunción en el hospital. Su tía lucía delgada y muy pálida. Para disimular su preocupación le dijo en tono de broma: «Tía parece que no te puedo dejar un día sola sin que te enfermes». Asunción trató de tranquilizarla diciéndole que solo era una gripe fuerte y que con unos días de descanso se recuperaría. Después obligó a su sobrina a irse a la casa porque seguramente estaba cansada al igual que ella. En el trayecto a casa, Tomasa la tranquilizó diciéndole que unos días de descanso bastarían para que Asunción se pusiera bien. El hotel había estado lleno todo el tiempo porque había muchos turistas en la ciudad. Marcela creyó saber el motivo de tantos visitantes en Santa Catalina, pero no dijo nada. Tomasa interrumpió sus pensamientos cuando le dijo que creía que estaban envejeciendo y que el negocio y el hotel representaban mucho trabajo para tres personas.

- Suerte que volviste. Como si fuera poco, Soledad enfermó primero y contagió a Asunción. Fue muy duro atender el hotel sin su ayuda y la tuya.

Marcela entró a la casa y buscó a Mimosa, pero no la vio. Luego, Soledad llegó a su encuentro con ella detrás. Marcela corrió para alzar a la perrita, pero ésta se escondió detrás de la mujer como pidiendo protección.

-¿No me recuerda?- preguntó Marcela un poco desilusionada. Soledad le dijo entonces que a veces los animales se sentían confundidos cuando los dueños los dejaban solos por un tiempo y que luego, cuando éstos regresaban, reaccionaban ofendidos y con indiferencia. También le dijo que si ella no la necesitaba, deseaba ir un par de días a su casa, pues no había ido antes para evitar dejar solo el hotel. Después, Marcela se fue a su a su cuarto y llamó a Mimosa, pero como ésta no la siguió, dejó la puerta abierta.

Al día siguiente, despertó y la vio dormida al pie de la cama. La acarició y la perra tan sólo abrió los ojos. «Todavía estás enojada», le dijo y se levantó. Pensó que pocas veces había estado sin la compañía de su tía y aún no sabía si volvería pronto. Decidió entonces llamarla por teléfono y tuvo que esperar un momento porque el doctor la estaba revisando. Luego, Asunción pasó al teléfono y le dijo que cuando fuera a verla ya sabría cuánto tiempo permanecería en el hospital.

Marcela fue a desayunar y Tomasa entró para informarle que abriría el negocio como lo había estado haciendo en ausencia de Asunción. Enseguida llegó Soledad y Marcela aprovechó para agradecerles: «No sé que haría sin ustedes dos», les dijo emocionada. Tomaron el desayuno juntas y luego, Marcela se preparó para ir al hospital. Pasó por su habitación y vio a Mimosa durmiendo plácidamente, lo que la dejó desconcertada.

En el hospital, Asunción continuaba pálida y se veía extraña estando tan inmóvil en la cama. Marcela se preocupó y pensó que debía estar muy débil para permanecer tan quieta, pues siempre era como una locomotora en marcha, según la describían ambas mujeres que trabajaban para ellas. El doctor le ordenó permanecer tres días más en el hospital y Asunción ni siquiera se quejó. Marcela le recordó como lo venía haciendo antes de comenzar el invierno, que debía vacunarse contra la gripe. Asunción la dejó jugar el papel de patrona mientras la contemplaba preocupada. Adivinó que su tía se moría por saber sobre su encuentro con Samuel, pues estaba enterada a medias por su hermana. Ella deseaba contarle, pero no entendía qué había pasado con la confianza que siempre había existido entre ellas. Finalmente encontró la forma de hablarle y Asunción pareció renacer. De pronto se encontraron hablando del asunto libremente y al igual que cuando Verena le preguntó si estaba enamorada de Samuel, Marcela volvió a ruborizarse e hizo un gesto de querer dejar la habitación argumentando que debía ayudar a Tomasa en el almacén.

- Sabes que siempre puedes contarme todo-. Le dijo Asunción al despedirse y la abrazó con cariño.

- Lo sé tía, pero no puedo contestar esa pregunta porque no sé la respuesta. Tal vez cuando la sepa te diré.

Después de varios días, Asunción volvió a la casa y pensó que todo volvería a ser como antes, pero la enfermedad la dejó muy débil y tardó en retomar su vida. El primer día de trabajo pensó en qué pasaría si Marcela decidía marcharse. Quizás tendría que cerrar el negocio, ya que Tomasa y Soledad no estaban en condiciones de hacer mucho. Tomasa no tenía ningún familiar cercano y pensaba estar cerca de su patrona mientras su salud se lo permitiera. Soledad sólo tenía una hija casada y en ocasiones hablaba de su intención de mudarse con ella. De repente, parecía que ninguna estaba segura de tener un futuro en Santa Catalina. Marcela incluso, tampoco quería pasar el resto de su vida ahí. En un año no había tenido noticias de Sergio y temía que debía dejar de soñar en que algún día regresaría. Además, al volver de la capital se sentía distinta. Era como si hubiera cambiado la forma de ver el futuro. Un día se dio cuenta que había estado muy cerca de Sergio Ayala y ni siquiera se había acordado de llamarlo.

Dos días antes de que su tía saliera del hospital, recibió una carta de Samuel, pero se empeñó en dejarla de leer. Recordó que le había dado a Verena los papeles firmados y la llamó para saber al respecto. Su tía le dijo que no los había entregado porque quería esperar a que ella estuviera más tranquila para retomar el asunto y que además, Samuel había ido a buscarla porque Clara le había dado la dirección. Marcela se puso entonces furiosa y más, cuando su tía le contó que había hablado con él y que su versión parecía distinta. Le costó trabajo calmar a su sobrina. Le recordó que una vez Pedrazo presentara el caso a la Corte, sería difícil echar atrás. Sin embargo, la tía no comprendió que sus palabras llevaron a Marcela a pensar de nuevo en Samuel y que lo que más deseaba su sobrina era saber si él sentía algo por ella.

-¿Quién dijo que me voy a echar atrás?- dijo y a su tía le pareció desconocerla. Al igual que Asunción se volvió a preguntar qué había pasado con la sobrina tan dulce que recordaba.

Días después, hablaron de nuevo y Verena le contó que Samuel la había llamado y le había pedido que la convenciera de contestar la carta, entonces Marcela le colgó el teléfono. Desesperada llamó a Asunción y le contó lo sucedido. Le dijo que después de haber hablado con Samuel por segunda vez, no creía que fuera una mala persona, simplemente que las cosas habían empezado mal para la pareja. Asunción dijo estar de acuerdo en que ambos estaban enamorados y que todo les había salido mal desde el comienzo. Pese a que a ella no le gustaba el muchacho, admitió aceptarlo con tal de ver feliz a su sobrina.

-Yo tampoco lo veía bien cuando supe lo que hizo, pero después que hablamos noté una persona distinta. Tal vez es un poco engreído, es un muchacho que ha triunfado a temprana edad. Sólo tiene veinticinco años, dos menos que nuestra sobrina. Según él, tiene una gran responsabilidad en su trabajo y es de esas personas que quieren hacer todo sin ayuda. Desde que lo ascendieron no ha querido renunciar al trabajo de periodista y se las arregla para mantenerse en los dos puestos. Viaja mucho y eso requiere de esfuerzo. Creo que quiere a nuestra Marcela, pero no se lo ha dicho y eso la tiene de mal humor.

Marcela se decidió a leer las cartas, pero no cambió de idea. Él volvía a sugerirle que se olvidara de la demanda y ella seguía pensando que lo único que lo llevaba a escribirle era el temor a verse perjudicado. En su cuarto tenía los libros que le había prestado a Samuel cuando él quiso estudiar sobre las razas de los perros y eso la hizo pensar que en dos ocasiones el destino la había puesto en frente de hombres a quienes les interesaban esos animales. Pero las dos oportunidades habían sido un espejismo, algo que no pasaba del interés mutuo. Marcela miró entonces a Mimosa que había vuelto a seguirla por toda la casa y se alegró de tenerla cerca porque en ese momento necesitaba una amiga. La abrazó con tanta fuerza, que el animal saltó de sus brazos y la miró asombrada desde el suelo. Marcela tomó la carta, la hizo pedazos y dejó la habitación. Cogió la correa que estaba colgada en la entrada y salió a dar un paseo con su mascota. Se encontraron con varios perros más grandes que Mimosa y observó que pasaban por su lado, indiferentes como si tuvieran planeado el camino a seguir. Si Mimosa hubiera estado sola, seguramente alguno hubiera salido a su encuentro para advertirle que estaba en un terreno que no le pertenecía. Pensó con tristeza que sólo con Sergio podía comentar al respecto o quizás con Samuel, pues recordó que desde la ventana lo había visto acariciar al perro de Clara. Posiblemente ya no era el mismo hombre que demostró tanto recelo hacia los perros cuando llegó al hotel. Siguió pensando y su mente parecía un caos, era como si las ideas llegaran y fueran empujadas por otras y en momentos, todas se juntaran y dieran vueltas en su cabeza sin permitirle concentración. Finalmente llegó a la conclusión de que en el fondo no quería perjudicar a Samuel, aunque a veces deseaba hacerle daño. Se preguntó si su confusión era porque lo creía arrepentido o porque quería hacerlo sufrir por haberse enamorado de él. ¿Por qué le había mentido? No estaba segura y no lo estaría hasta que tuviera la valentía de preguntárselo y sufrir las consecuencias. Si él afirmaba sus sentimientos hacia ella, entonces podría expresar los suyos abiertamente, pero era pesimista e imaginó cómo reaccionaría si decía lo contrario. Sin embargo, no dejaba de ser una persona justa y sin rencores, capaz de hacer el bien. En pocos minutos, logró pasar de un estado a otro y comprobó que así se sentía más tranquila y contenta con ella misma.

De pronto, el teléfono la arrancó de sus pensamientos y corrió a contestar. Era Verena quien le decía que Pedrazo quería saber si había decidido seguir con la demanda. La tía desconoció la voz de su sobrina cuando le dijo que no, que quería olvidarse de todo lo referente a Samuel. Su tía le preguntó si estaba segura y le dijo que Samuel había vuelto a rogarle que la convenciera de contestar las cartas. Marcela le prometió que lo haría y colgó. Se sintió aliviada como si se hubiera quitado un peso de encima. Pero enseguida empezó a arrepentirse de su decisión y estuvo a punto de llamar a su tía. Sin embargo, quiso ser firme y se alejó del teléfono para evitar un momento de debilidad. «Olvidaré todo», pensó y para hacerlo recordó a Sergio Ayala. «Qué tonta fui al no llamarlo. Pensar que estuve tan cerca de él y no lo vi. Todo por culpa de Samuel», dijo para sí y sintió otra vez rabia hacia él, entonces hizo un esfuerzo y se sentó a escribir. Sabía que para borrarlo de su mente debía despedirse y ese era el momento de hacerlo porque sus sentimientos heridos se lo permitían. Abrió las cartas que había guardado y leyó que en casi todas, Samuel le recomendaba lo mismo y le repetía las misma palabras del abogado: olvidarse de la demanda ya que en esos casos por lo general, el demandante siempre perdía y era difícil que ella ganara. Tomó esas palabras como si quisiera disuadirla y por un momento, pensó en llamar a su tía para que le entregara los papeles al abogado. Pero en la última carta volvía a decirle que estaba arrepentido y le pidió perdón. Pensó contestarle antes de flaquear de nuevo y empezó a escribir con rabia diciendo que lo único que deseaba era no escuchar más de él y por ello no presentaría la denuncia. Terminó pidiéndole que no contestara su carta porque todo había llegado a su fin. Luego, puso la carta en el correo y volvió dispuesta a retomar su vida.

El otoño estaba en sus últimos días. Los viejos árboles de la calle se habían despojado de las hojas y a ella le gustaba caminar despacio disfrutando el crujir de éstas a su paso. Por muchos años había disfrutado de aquel leve ruido que la devolvía a su niñez y a Sergio. Lo recordaba como un muchacho juguetón, siempre dándole patadas a la tierra y a todo lo que encontrara a su paso. Ella le decía que si le gustaba tanto patear debería ser futbolista y no molestar a las hojas porque éstas tenían vida, y que así como trataba bien a los animales debería hacerlo con las plantas. Él se reía de ella como si verla enojada le causara gracia. «¿Por qué a los hombres les causa placer verme enojada?», pensó y volvió a su mente Samuel.

El invierno fue benigno en Santa Catalina, aunque hubo noches muy frías. Afuera, los perros aullaban de frío y tal vez, de hambre. Marcela se mantenía despierta, era más fácil reconocerlos cuando ladraban y por lo general, lo hacían cuando otro perro o un extraño se acercaban a la casa de sus dueños. Siempre que Marcela tenía la oportunidad comentaba sobre el tema con los clientes, pero ellos parecían no entenderla. La mayoría tenía perros porque era la única forma de mantener alejados a los ladrones. Su tía siempre decía que cuando ella era chica eso pasaba sólo en la capital, pues Santa Catalina era un pueblo donde todos se conocían y ayudaban. Sin embargo, los problemas empezaron cuando se convirtió en ciudad. La tía también se quejaba de los perros. Antes, pocas personas los tenían y se aseguraban de que estuvieran bien alimentados. Ella solía preguntarse cuándo los perros se habían convertido en una epidemia de la cual todos querían desprenderse, pero nadie daba el primer paso para hacerlo. Para muchas madres resultaba difícil negarle al hijo tener un animal que recogía en la calle y para otros, era normal ahogar a los cachorros en el río cuando la perra de la casa tenía cría. Algunos, con más corazón, no tenían el coraje de matarlos y los mantenían para regalarlos, pero como habían aumentado tanto ya nadie deseaba uno. Marcela les preguntaba a sus clientes si habían escuchado por televisión sobre la esterilización de las mascotas y ellos respondían que no tenían dinero para hacerlo, y si la ciudad ofrecía los servicios gratis, la excusa era que no tenían tiempo de llevarlos o no se habían enterado.

El problema siguió creciendo y nadie asumía la responsabilidad de hacer algo al respecto. A Marcela le pareció que en verano se habían multiplicado más y pensó que también era asunto suyo, pero se sentía con las manos atadas para hacer algo. Suponía que quizás una persona influyente podría apoyarla y pensó en Sergio. Él había prometido que al terminar la carrera volvería para poner una veterinaria en el barrio y juntos encontrar una forma de prestar los servicios gratis o a bajos precios. A veces cuando hablaba con sus clientas les mencionaba la Asociación Protectora de Animales porque pensaba que era el lugar ideal para pedir ayuda. Todos sabían de su existencia, pero nadie sabía dónde quedaba y tampoco figuraba en la guía telefónica. Se le ocurrió entonces, escribirle una carta a Sergio y cuando llegó al negocio Tomasa estaba sola, pues Asunción aún se sentía débil y a veces no iba a trabajar. Como había pocos clientes, le dijo a Tomasa que iría a su cuarto y que la llamara si necesitaba ayuda. Pero antes pasó por el cuarto de Asunción y ella le dijo que estaba cansada y que más tarde iría al negocio. Desde que salió del hospital, pasaba varias horas en cama como nunca antes lo había hecho.

En su cuarto, Marcela escribió la carta más larga de su vida. Era tanto lo que quería decir, que debió corregir varias veces lo escrito porque se dejaba llevar por la emoción y no quería delatarse. Pensaba que si su destino estaba ligado a Sergio, él debía descubrir sus sentimientos. Nuevamente fue al correo y la empleada sonrió al tomar la carta. «Parece que dos hombres van a estar muy contentos de recibir correspondencia», le dijo y ella pretendió no escucharla.

Sergio nunca contestó, pues la carta fue devuelta dos meses después con un mensaje que decía que el destinatario se había mudado. Sus padres también se habían ido a la capital cuando Sergio encontró un buen trabajo. Samuel en cambio, si contestó, pero Marcela no quiso leer la carta. La guardó en un cajón del escritorio por si algún día decidía leerla.

El invierno fue monótono y largo. Algunas veces, Marcela pensó ir a la capital a buscar a su amigo. Asunción permaneció enferma casi todo el tiempo. Un día, Marcela estaba leyendo uno de los libros sobre el pedigrí de los perros y entró Isabel Arias y casi se lo arrebató.

-Fui al centro porque quiero comprar un perro. Miré un catálogo, pero no me decidí por ninguno-. Le dijo y hojeó el libro. Luego señaló uno y le preguntó a Marcela si sabía algo sobre esa raza.

-Es un Jack Russell Terrier. Para muchos es de origen neto con las características comunes a todas las razas de su grupo. Es de gran vitalidad, simpático y valiente. Debe su nombre al reverendo John Russell y es muy conocido en los ambientes cinegéticos y de cazadores. Russell pasó a la posteridad gracias a la creación de esa raza. Nació en el condado de Devon en 1745. Fue pastor de la iglesia anglicana y sirvió casi toda la vida en la parroquia de Swinbridge en el mismo condado. Durante varios años seleccionó y crió ejemplares de esa raza hasta lograr lo que hoy es el Jack Russel.

-Le pregunté al dueño de la nueva veterinaria donde además, se dedican al criado de perros finos, por qué la mayoría de los perros tiene nombres extranjeros y me dijo que a veces llevan el nombre de quien creó la raza y para conservar la pureza. Él me mostró un *beagle* en el catálogo y era igual a los que mi padre tenía en la hacienda, pero nosotros lo conocíamos como perro ratonero o de caza, porque son buenos para la caza del zorro. Pero yo quiero uno de compañía, aunque debe estar alerta y ser buen guardián.

Siguieron conversando y se sorprendieron de tener intereses comunes. Siempre se habían visto sin prestar mucha atención la una de la otra y de pronto, estaban hablando como amigas de toda la vida. Aunque todos conocían a Isabel Arias, nadie sabía si tenía amigas. La consideraban una persona fría con ínfulas de rica. Marcela trajo a la memoria a Clara Wayne e Isabel a su padre, con quien sólo tocaba el tema porque ambos amaban a los perros.

Marcela quiso saber cuánto pensaba pagar Isabel por un perro y no pudo dejar de preguntarle por qué no adoptaba uno habiendo tantos abandonados en la calle. Isabel le dijo que el perro que había muerto lo había encontrado abandonado y que siempre había tenido mal humor debido a su raza, aunque estaba probado que la mayoría de los perros actuaban de acuerdo a la forma como se criaban, pese a que muchos eran amigables y tranquilos por naturaleza y otros nerviosos o agresivos.

De pronto, Isabel miró el reloj y dejó la tienda apresuradamente. Tomasa y Asunción que habían estado ocupadas todo el tiempo, aparentando no prestar atención a la conversación, comentaron que nunca la habían visto hablar tan amigablemente.

-Quizás la única compañía fue su perro y se entusiasmó al encontrar a alguien interesado como ella en el que tal vez es su único tema de conversación-, dijo Tomasa y miró a Marcela esperando su opinión, pero ella estaba absorta en sus pensamientos. Si le hubieran podido leer la mente, sabrían que Marcela pensaba que eso era lo que la había acercado a los dos hombres que ocupaban su pensamiento.

El inició de la primavera llegó, pero no el buen tiempo. En Santa Catalina no nevaba, pero el clima era extremo, muy frío en invierno y caluroso en verano. La primavera era lluviosa, algo extraño al estar tan cerca de un terreno casi desértico.

Una noche fría, Marcela se acostó temprano, pero cerca de la medianoche la despertó el llanto de un perro. Creyó reconocer a una perra que siempre vagabundeaba por las calles. Desaparecía durante varios días y luego volvía a la parte de atrás de la casa de enfrente, cuyos dueños estaban sólo en verano y el resto del año la casa permanecía vacía. Durante su estadía, los dueños alimentaban al animal y el tiempo restante éste debía sobrevivir en la calle. Marcela recordó que la última vez que había visto a la perra estaba preñada y al oírla de nuevo, pensó que probablemente los cachorros habían nacido, pero habían muerto por el frío y por eso la perra aullaba. En otras ocasiones, Marcela se levantaba y le llevaba algo de comer, pero le resultaba difícil convencerla de que se resguardara a la entrada del hotel porque casi siempre el animal parecía nervioso y se negaba a entrar. Marcela entonces, se dispuso a levantarse cuando escuchó a un cachorro a la par del aullido de la perra. Saltó de la cama, se abrigó y corrió a la calle. La luz de afuera alumbraba la escena. La perra al ver que Marcela se acercó, rodeó al cachorro y la amenazó mostrando sus dientes. Marcela trató de apaciguarla, pero a cada paso, la perra gruñía y su pelo se erizaba. Marcela optó por gritarle y eso dio resultado, quizás porque el animal estaba acostumbrado al maltrato. Sin embargo, cuando ella quiso acercarse más, la perra volvió a gruñir. Se quedó entonces estática sin saber qué hacer y notó que un bulto se movía. Pudo ver a un cachorro que trataba de pararse y que tal vez estaba muy débil para hacerlo. Marcela quiso que apareciera alguien para pedir ayuda, pero la calle estaba desierta y el frío la estaba haciendo temblar. Lo poco que sabía sobre animales era que ellos conocían cuando las personas tenían miedo, pero en su caso lo que sentía era un poco de rabia porque la perra no se dejaba ayudar. Trató una vez más, pero de nuevo la perra no le permitió acercarse a su cría. Decidió regresar a la casa para ponerse unas botas porque sus pies estaban congelándose, después pasó por la cocina, tomó un pedazo de carne y luego, recogió la manta de su tía, tejida a croché. Al salir, la perra y su cría ya no estaban. La buscó sin éxito, así que dejó la carne en el suelo y entró a la casa para espiarla desde el almacén. La perra tomó la carne sigilosamente y desapareció detrás de la casa. «Seguramente encontró amparo y se llevó al cachorro», supuso Marcela y se fue a dormir. Al día siguiente, despertó tarde y cuando fue a la cocina, Asunción ya se había ido.

Pese al día agitado, Marcela no dejó de pensar en el animal. Cuando tuvo tiempo, cruzó la calle y entró a la propiedad de enfrente, pensando que la perra estaría en la parte trasera de la casa, pero lo único que encontró fue al cachorro muerto. Esa noche volvió a mirar por la ventana del almacén para ver si la perra volvía a aparecer, pero no fue así. A la siguiente mañana continuó pensando en el destino del animal, y de pronto, sintió el ruido de los frenos de un automóvil. Todos corrieron a asomarse a la ventana y Marcela reconoció a la perra. El chofer no se detuvo y el animal quedó tirado. Marcela lloró sin consuelo y ante el asombro de todos, tuvo que contar que conocía al animal porque lo había visto llorar muchas veces. También contó que la noche anterior había tratado de ayudarla y que no era justo lo sucedido. Trataron de convencerla que quizás era lo mejor que podía pasarle al animal, pero ella no se calmó y dijo que si se hubiera esforzado un poco más en encontrarla eso no hubiera ocurrido. La imagen del animal ocupó su mente. La imaginó hambrienta tratando de proteger a sus cachorros. Como le pareció mal dejarla tirada y expuesta a que le pasaran encima, comentó que la llevaría detrás de la casa de en frente. Asunción le dijo que estaba loca y que era difícil levantarla, pero Tomasa se ofreció a ayudarla. Trataron de arrastrarla, pero era más pesada de lo que parecía. Un vecino se ofreció también a colaborar y buscó una pala para enterrarla.

Marcela estuvo triste todo el día y sin decir una palabra, aguantó los comentarios de la gente en protesta por la gran cantidad de perros que vagaban sueltos, y volvió a comprobar que nadie aportó una solución al problema. Esa noche le costó dormirse y cuando lo logró, soñó que la perra estaba viva. En el sueño cruzó la calle y vio que al lado de la perra, un cachorro lloraba de hambre. Estaba contenta porque en su sueño creía que había imaginado lo que realmente pasó, aunque algo le decía que era al revés. En su sueño el cachorro seguía llorando en forma desesperada y escuchó como si fueran dos llantos distintos, uno en su subconsciente y otro viniendo de fuera. Se despertó entonces y corrió hacia la ventana. Luego se vistió precipitadamente, tomó un chal del ropero y salió. Cruzó la calle y el viento le hizo volar el chal, convirtiéndose en una figura fantasmal. Abrió con esfuerzo el portón que daba a la parte de atrás de la casa de enfrente y vio un cachorro un poco más grande. Se acercó lentamente temiendo asustarlo, lo cubrió y lo levantó. Lo apretó contra su cuerpo para darle calor y el cachorro tuvo la intención de lamerla en señal de agradecimiento. Cruzó la calle desierta y al tocar el picaporte, creyó haber dejado la puerta abierta y las luces encendidas. Asunción apareció y le dijo que había despertado por el llanto del animal y que quiso seguirla, pero el frío la hizo volver.

-Déjame ver al causante de tanto alboroto-, dijo la tía y Marcela lo puso en el piso. Parecía un ovillo de lana mojada. Sus patas eran débiles y no podían sostenerlo. Asunción sugirió darle un baño tibio e ir al negocio a traer una mamadera para darle leche tibia. Las dos corrieron apresuradas. Marcela temía que el animal muriera mientras lo bañaba. Pero después del baño y de haber bebido un poco de leche tibia, pareció revivir y se durmió. Ambas dejaron de hacer cualquier comentario. Marcela llevó el cachorro a su cuarto y Asunción le dijo, antes de irse a dormir, que debía llevarlo temprano al veterinario. Mimosa fue al encuentro del nuevo huésped, lo olió para reconocerlo y luego se alejó y abandonó la habitación.

En el consultorio del Dr. Albornoz, Marcela observó a los dueños de los pacientes que esperaban turno. Había un hombre con uniforme de chofer que seguramente, trabajaba para algún hacendado. Tenía dos perros, un ovejero alemán y un labrador retriever. Marcela trató de recordar todo lo que había leído sobre ambas razas y no dejó de admirar el pelaje lustroso de los animales, lo que demostraba su cuidado. Después entró un niño de unos diez años, con un gato de aspecto abandonado entre sus brazos. La empleada le dijo que no creía que el doctor pudiera atenderlo porque estaba muy ocupado. El niño le rogó que lo hiciera infructuosamente. En ese momento, el doctor entró a la sala de espera y al reconocer a Marcela se acercó a saludarla. Con sorpresa vio al cachorro que dormía seguro en sus brazos. Ella le contó cómo lo había encontrado la noche anterior, pero el niño la interrumpió para rogarle al doctor que atendiera al gato. El veterinario miró a Marcela y le dijo que le recordaba a Sergio cuando aparecía con algún animal. Marcela pensó lo mismo. El doctor le dijo al niño que debía esperar hasta que atendiera a los pacientes que tenían turno y le ordenó a la secretaria no aceptar más pacientes.

A la espera de su turno, Marcela se enteró que los padres del pequeño lo habían mandado a tirar los gatos al río. Él había obedecido, pero uno de ellos tardó en ahogarse y parecía dispuesto a luchar para que no se lo llevara la corriente. Entonces, entró al río y lo llevó de vuelta a casa donde estaba la gata madre, encerrada en un galpón. Otras veces, la gata lo seguía, rescataba a una de sus crías y desaparecía con ella. Meses después, regresaba con su cría y la mamá del niño le permitía dejarlos. Pero como ya tenían demasiados, esta vez le habían ordenado cerciorarse de que ninguno sobreviviera y por eso habían encerrado a la gata en el galpón. Todos escucharon la historia en el consultorio y Marcela prometió ayudar al niño. Cuando llegó su turno le contó la historia al doctor y él volvió a recordar a Sergio y le dijo que él llegaría en pocos meses a tomar su lugar porque pensaba jubilarse. Ambos estuvieron de acuerdo en que necesitaban a alguien como él. Además, en el barrio esa era la única veterinaria y con precios módicos.

-Con Sergio sólo hemos hablado de negocios. Dice que sus padres no quieren regresar a Santa Catalina y que nos trae una sorpresa.

Antes de irse, Marcela le recomendó al gato y al salir le dijo al niño que fuera a visitarla al negocio y él le dijo que sabía donde quedaba.

Asunción se alegró de saber que el perro estaba sano y le preguntó a Marcela qué pensaba hacer con el animal. Ella le respondió que había estado muy ocupada tratando de salvarlo, pero prometió pensarlo.

-No olvides que en verano estamos muy ocupadas y además, a muchos clientes no les gustan los animales. Con Mimosa es diferente porque es una perra pequeña y tranquila, pero no creo que el cachorro sea así. Dale unos días y verás lo que quiero decir.

Marcela ya lo había pensado. En el consultorio olvidó que el perro no estaba entrenado y de pronto, sintió algo caliente y agradeció, que la manta en que lo envolvió, impidió que el piso se mojara. Nunca pensó que el pequeño animal que al comienzo casi no dio señales de vida, fuera tan travieso.

Cuando lo dejaba en la cocina, se aseguraba de cerrar todas las puertas y no dejar nada a su alcance, pero al volver siempre encontraba que había destrozado algo. Y entrenarlo para que hiciera sus necesidades afuera, fue una tarea casi imposible. Probó todos los métodos, pero fue inútil. Siempre que se entusiasmaba jugando o salía al encuentro de Asunción, ocurría ese tipo de accidentes y eso apremiaba a Asunción para recordarle a su sobrina que el perro no podía quedarse en casa. Marcela se lo había ofrecido a Isabel, pero ella quería saber qué clase de guardián era. Además, había comprado un fox terrier de pelo duro; inteligente, amigable y fácil de cuidar, perfecto para lo que requería una persona sola. Marcela sin embargo, la convenció de adoptar a «Torbellino», como lo llamó por ser tan impetuoso y le pidió que le diera un tiempo para asegurarse de que entendía hacer sus necesidades afuera y que no debía saltar sobre las personas cada vez que alguien entraba a la casa. Después de dos días pensó haber logrado su objetivo, pero cuando lo dejó solo el problema persistió. Torbellino no había logrado aprender y Marcela evitó encontrarse con Isabel hasta que el cachorro se portara a la altura con su futura dueña. Además, no tenía otra solución, como no era un animal de raza no podía ofrecerlo en el diario y en su barrio, ya todos tenían demasiados animales para aceptar otro.

Los problemas que le estaba causando Torbellino hicieron que olvidara a Samuel y Sergio, y aunque recibió una carta del primero, la tiró al cajón del escritorio junto con las otras. Un día, Marcela estaba en el negocio cuando Isabel entró y se sentó en una silla detrás del mostrador y le hizo señas de que siguiera atendiendo a sus clientes. Luego que Marcela se desocupó, Isabel sacó un libro y le mostró una página que había marcado. Marcela miró la foto de un perro y comprendió que ella nunca iba a querer a Torbellino. Trató de disimular su desilusión y leyó que el perro era un perdiguero portugués.

-Señora Arias, ese es un perro de caza. ¿Está segura que le conviene?- Y de pronto, se encontró diciéndole que Torbellino era el perro ideal. Un perro cariñoso y seguramente, buen guardián. Al comentar eso, recordó que el perro en vez de ladrar cuando alguien entraba a la casa, salía a recibirlo saltándole encima y dispuesto a lamerle la cara. De repente, dejó de hablar y sintió pena de no poder hacer nada. La expresión de Asunción le hizo entender que ella no le permitiría quedarse con el animal y tuvo ganas de llorar.

-Marcela, Torbellino es un perro de la calle. No sabemos nada de su origen.

-Tampoco lo sabemos de los perros de cría-, replicó Marcela. -Ellos tienen su carácter también y no podemos predecir como actuarán.

Pero se sintió vencida. Era como si todo le saliera mal. Se excusó, dejó el negocio y se fue a su cuarto. Torbellino salió a su encuentro, pero lo rechazó y le cerró. El perro rasguñó la puerta y ella le abrió furiosa. «¿Quieres romper la puerta? Eres tan tonto que no me dejas ayudarte. Si hubieras dejado de ser un cachorro inconsciente podría haber convencido a Isabel de que eres el perro ideal, pero no dejas de portarte mal», le dijo y lo dejó pasar. El perro se abalanzó sobre ella y ella cayó. El perro como si hubiera hecho algo mal, se quedó quieto mirándola. De pronto, alguien golpeó la puerta y ella se secó las lágrimas y abrió. Con sorpresa vio a Isabel.

-Tu tía me dijo cuánto has deseado que yo me quede con Torbellino. Déjamelo ver. Veo que ha crecido. ¿Ya está entrenado?-. Marcela quiso mentirle pero no pudo y con asombro escuchó que Isabel proponía buscar a alguien para que lo hiciera.

-Tu tía y Tomasa me convencieron que es el perro que me conviene. Pero no puedo llevarlo hasta que sepa comportarse-. Volvió a sacar el libro y juntas buscaron a un perro que se asemejara. Vieron de nuevo al Perdiguero Portugués e Isabel dijo que se parecía un poco. Marcela se dio cuenta que le estaba mintiendo, y por si acaso, le recordó que era un cachorro y que podía cambiar. Pero Isabel dijo que nunca sabrían su raza y que se conformaría con el hecho de que algo de esa sangre corriera por el animal.

Los días sucesivos, el chofer recogió a Torbellino y lo llevó al entrenador. Poco a poco, el perro empezó a portarse mejor, aunque a veces volvía a sus andanzas y robaba algo. Como todo perro, su pasión eran los zapatos y si tenían cordones, mejor.

Mimosa nunca lo aceptó y como era tan torpe, la hacía perder la paciencia, pero Torbellino la seguía y trataba de jugar con ella. Marcela la notaba triste y enojada, quizás celosa. Un día amaneció enferma y tuvo que llevarla donde el Dr. Albornoz, quien le dijo que la perra tenía depresión. Con asombro, Marcela se enteró que los animales podían sufrir esa enfermedad. Quiso saber si tal vez estaba celosa porque ella le prestaba atención a Torbellino, pero el doctor le dijo que como era un animal tan tranquilo resultaba difícil descubrirlo. En todo caso, debía tratarla porque a veces la depresión se hacía crónica. Aunque aún no se sabía mucho sobre ese mal, últimamente se le prestaba atención. Le ordenó algunas pastillas y le recomendó regresar en una semana para vacunar a Mimosa contra la alergia. Marcela se sintió mal, por primera vez se había olvidado de algo tan importante como la salud de su mejor amiga. Al volver a la casa, Marcela le dijo a Torbellino, como si pudiera entenderla: «Has hecho olvidarme de alguien que es número uno en mi vida, pero te perdono porque no me has tirado al suelo al verme y eso demuestra que estás entrenado para llevarte a tu nueva casa. Recuerda: siempre iré a verte y seremos amigos».

Marcela llamó a Isabel y ella le dijo que convenía esperar una semana más porque el entrenador le había dicho que aún le costaba trabajo al perro concentrarse, quizás porque era pequeño, aunque tenía energías y eso era señal de buena salud. Marcela pensó que tal vez Isabel se había arrepentido, pero evitó ser pesimista y dejó las cosas como estaban.

Un día sacó a los perros a caminar. Pensó que llevarlos juntos le ahorraría tiempo, pero tuvo que regresar a los pocos minutos porque Torbellino estaba imposible. Al parecer, la novedad de salir los tres se le subió a la cabeza y empezó a pasar de un lado a otro hasta enredarse y caer encima de Mimosa y casi aplastarla. Marcela lo desenredó furiosa y los trajo de vuelta. En el negocio había un grupo de clientas y se preguntó qué las traería tan temprano de compras. Dejó a los perros en sus respectivos lugares y corrió hacia el negocio con curiosidad. Allí fue recibida con enojo por el grupo de mujeres. Ella notó que algunas tenían en sus manos la revista donde se hablaba de Santa Catalina y se dispuso a afrontar lo que imaginó que pasaría. La acusaron de haber trabajado en complicidad con el periodista y aunque ella trató de explicarles, no le permitieron defenderse. La acusaron de haberlas presentado con él para hacerlas hablar.

- Hay cosas en ese artículo que son íntimas. Nadie tiene derecho a hacer dinero exponiéndonos de esa forma. Además los relatos fueron cambiados. Hay cosas que sólo tú sabes de nosotros y tienes que haber sido quien se las dijo.

Marcela les dijo que ella también había sido victima de Samuel, pero no quisieron escucharla y la juzgaron como a una ladrona. Ella se sintió humillada por ser tratada así.

Asunción vino entonces en su defensa e hizo que dejaran el lugar. Al salir, continuaron hablando en voz alta queriendo ser escuchadas.

Marcela corrió a llamar a Samuel. Ella le había dicho que si eso pasaba, él debía ir a pedir disculpas y explicar que ella no había actuado de mala fe. Pero en la revista le dijeron que se encontraba viajando por cuestiones de trabajo y no sabían cuando regresaría.

Marcela nunca se había sentido tan mal. Odió a las mujeres que la habían juzgado sin permitirle defenderse, aunque a la vez trató de ponerse en su lugar y las entendió. Ella también había reaccionado violentamente frente al artículo. Pensó que probablemente Isabel ya se había enterado y no iba a querer adoptar a Torbellino. El animal como si entendiera que estaba en problemas, la siguió a todos lados y eso la hizo sentir mal, pues quizás nunca le encontraría un hogar y terminaría como una de las tantas personas que tenían un animal en contra de su voluntad.

Esa tarde, el negocio estuvo vacío. Supuso que la noticia de su discrepancia había corrido por todo Correntoso. Aunque era un barrio de una gran ciudad, sus habitantes nunca dejaron de vivir como si fuera un pueblo. Como se decía:

«Pueblo chico infierno grande», las mujeres se unían tanto para obras benéficas como para atacar verbalmente a quien tuviera la desgracia de hacer algo que no fuera aceptado por ellas. Decidieron boicotear el negocio. Pocas personas no se enteraron de lo sucedido o creyeron a Marcela incapaz de hacer algo así. Desde entonces, Marcela no quiso ir al negocio por temor a perjudicar a su tía. Pero ella le dijo que esconderse sólo la hacía parecer culpable. El diario dedicó una página entera a las cartas escritas por distintas personas y la televisión local le propuso presentarse y dar su punto de vista. Sin embargo, Marcela decidió esperar a que Samuel cumpliera lo prometido, pero pasó una semana sin noticias.

Un día, Isabel la llamó para decirle que le llevara el cachorro y al verlo se alegró de que hubiera crecido. Marcela lo había entrenado para que no saltara sobre su dueña y Torbellino lo hizo bien. Isabel quiso saber como reaccionaría su otro perro y Marcela le quitó la correa. Ambos animales como eran cachorros, salieron a correr uno tras del otro. Todo marchó bien y Marcela quiso despedirse, pero Isabel la invitó a tomar el té. Entre los ricos y los pobres de Correntoso había una distancia, pero eso no fue una barrera. Isabel no supo cómo empezar la conversación y Marcela la inició. Le contó lo sucedido, al tiempo que supuso lo que Isabel le diría, aunque su rostro lucía inexpresivo, pero para su sorpresa, ella dijo que todos estaban equivocados.

-Te conozco desde que eras una niña y muchas veces pensé que tu tía era muy afortunada. Qué no hubiera dado por tener una niña así, tan buena, trabajadora e inteligente. Sé que hacían travesuras con Sergio Ayala, él sí que era terrible-. Marcela la miró asombrada y le preguntó cómo sabía tanto de ella. Se enteró entonces, que Soledad era amiga de su mucama y que siempre le había hablado bien de ella y de Asunción.

Cuando terminaron de conversar, Marcela vio que los perros estaban jugando como si se conocieran de toda la vida. Se despidió contenta. No quiso que el cachorro la viera partir para hacer más fácil la adaptación a su nueva vida. Pensó que nunca volvería a verlo, pero Isabel la invitó a visitarlo las veces que quisiera.

Pasados los días, la casa parecía vacía sin Torbellino. Marcela trató de acercarse a Mimosa y notó que no le interesaba que la mimaran. Le comentó a Soledad al respecto, y ella le dijo que probablemente se estaba poniendo vieja. Marcela no tenía certeza de cuantos años tendría, pero trató de calcular su edad desde cuando la recogió y supuso que ya entonces tenía unos cuantos años, pero rogó que fueran menos de veinte. Había oído que los animales vivían de acuerdo a los problemas que enfrentaban y a la raza a la que pertenecía. Estando con ella, Mimosa había llevado una vida sin sobresaltos y por naturaleza era tranquila. Por primera vez pensó que algún día su mejor amiga moriría. Desde que perdió a su madre siempre tuvo miedo de que alguien muriera y cuando niña a veces se levantaba en puntillas de noche e iba al cuarto de Asunción para cerciorarse de que respiraba. Eso sólo se lo dijo a Sergio, ya que era la única persona con la cual se atrevía a decir lo que pensaba. Él se reía de ella y Marcela, en lugar de molestarse se tranquilizaba porque él le daba la confianza que a veces le faltaba.

Una tarde que no fue al negocio, sonó el teléfono, era el doctor Albornoz para recordarle sobre las vacunas de Mimosa. Ella se disculpó y prometió llevarla enseguida. Cuando llegó al consultorio había varios pacientes y escuchó al doctor hablar con alguien, así que siguió entretenida en su pasatiempo preferido: mirar a los animales. Un muchacho tenía una serpiente pequeña y trató de imaginarse con una mascota así. Para ella era fácil dirigirse al dueño de un perro, que como todo amo se vanagloriaba de las hazañas de su mascota. Ella se quedaba corta en comparación con los líos en que se veían envueltas otras personas. Sin embargo, el tiempo que tuvo a Torbellino, logró captar la atención de todos con alguna anécdota, entonces sonreía y lo recordaba con tristeza.

Finalmente, la puerta del consultorio se abrió y el doctor al verla le dijo que no le había dado tiempo para darle una noticia. La tomó entonces del brazo y la hizo pasar. Ella vio que alguien estaba sentado de espaldas y cuando dio vuelta se quedó inmóvil y el doctor tuvo que quitarle a Mimosa de los brazos antes que la dejara caer. Marcela y Sergio se abrazaron contentos. El doctor les dijo que seguramente deseaban hablar y les señaló otra oficina. Ella supuso que sus mejillas estaban coloradas y se sintió nerviosa.

-Nunca me enviaste una carta-, le reprochó y él se excusó explicándole que había estado ocupado. De pronto, como si estuviera viviendo una pesadilla, después no recordaría cómo fue ni qué palabras usó, Sergio le dijo que se había casado y era feliz.

-El doctor me dijo que nunca te casaste, deberías hacerlo. Es una buena experiencia sobre todo cuando se ama a alguien-.

Y abrazándola, le repitió que se asombraba de que nunca lo hubiera hecho. Marcela hizo un gran esfuerzo para no gritar, pero logró calmarse y se excusó diciendo que debía regresar al negocio porque debía ayudar a su tía. Se despidió y trató de salir de la oficina lo más pronto posible. Sergio le pidió que le comentara a Asunción que iría con su esposa a visitarlas, pues le había hablado tanto de ellas que deseaba conocerlas.

Antes de irse, Marcela recogió a Mimosa y ésta la recibió contenta. Ella la abrazó y se puso a llorar. El doctor se acercó y le dijo que imaginaba que siempre había amado a Sergio y que había querido decirle que estaba casado, pero que ella había colgado pronto. Marcela trató de recuperarse, pero Sergio entró.

-¿Le pasa algo a Mimosa?- preguntó.

-Sí, se pondrá bien-, se precipitó a responder el doctor. Marcela tomó entonces a Mimosa y salió. Sergio no supo qué decir. Camino a casa, Marcela tuvo que parar dos veces para calmarse. Al llegar, pensó en llamar a Samuel para obligarlo a enfrentarse con las mujeres de Correntoso. Lo haría pagar por todo lo que estaba pasando, pero en la revista le dijeron que no había regresado y eso aumentó su mal humor.

El regreso de Sergio y Samuel

Capítulo cinco

Asunción no sabía qué había pasado en el consultorio del doctor para que su sobrina hubiera regresado tan deprimida. Imaginó que Mimosa debía estar muy enferma y decidió dejar a su sobrina hasta que le contara el motivo por el cual caminaba como una sonámbula, aunque siguiera amable pero sin su encantadora sonrisa. La mayoría de las clientas continuaban unidas en el boicot y habían dejado de comprar. En el hotel se hospedaban algunos turistas que habían llegado cuando el frío aún se hacía sentir y Soledad atribuyó esto a que Dios había escuchado sus ruegos. La falta de ocupación hizo que Marcela se sintiera peor y que sus desavenencias la llevaran a la desesperación. Recurrió a Verena para que averiguara si Samuel realmente estaba de viaje y ella fue a la editorial y confirmó lo dicho.

Un día, desde la ventana del almacén, Asunción vio bajar a Sergio de un automóvil y se alegró de pensar que Marcela se animaría un poco. Volteó para llamarla y no alcanzó a ver a la mujer que lo acompañaba, pero cuando Marcela llegó, ella y Tomasa la miraron con sorpresa.

-Es la esposa- dijo, y siguió ocupada en lo que estaba haciendo. Ellos entraron, y Sergio presentó con júbilo a su mujer, esperando la aprobación de todas y que se sintieran orgullosas como él. Asunción no pudo disimular su desconcierto. La mujer parecía contenta y segura de sí misma. Era joven, con la belleza que sólo da la juventud, tenía buen porte y parecía agradable. Marcela hubiera preferido que no fuera así para poder odiarla, pero enseguida se dio cuenta que no podía hacerlo. Ella le trajo un regalo a Asunción y de pronto, resultó hablando con ellas como era natural en Correntoso, es decir, como si se conocieran toda la vida. En dos oportunidades, ella repitió que le resultaban familiares porque Sergio siempre le había hablado de ellas. Su forma de comportarse era propia de la juventud de las grandes ciudades y se dirigió a Asunción por su nombre de pila. Cuando se retiraron, Tomasa comentó que le había parecido mal que se dirigiera a ellas con tanta familiaridad porque eran mayores y Marcela la defendió diciendo que debían acostumbrarse a esa nueva forma de expresión, ya que se había impuesto en la televisión, la radio y la ciudad desde hacia tiempo. Sólo la gente de Correntoso mantenía esa formalidad. Soledad y Tomasa que conocían los secretos de la familia, esperaban que Sergio se casara con Marcela y no estaban dispuestas a encontrar nada bueno en la muchacha.

Antes de partir, la pareja les preguntó si tenían una habitación disponible hasta que terminaran de arreglar la casa que habían comprado y Asunción miró a Marcela antes de contestar y se sorprendió cuando ella respondió que sí. Le pidieron a Soledad que les mostrara la habitación y cuando estuvieron a solas, Asunción le preguntó a Marcela si sabía del casamiento y ella respondió que se había enterado donde el veterinario.

-¿Qué pasa que ya no me cuentas nada?- le dijo entonces con amargura.

-No sé tía, es que no entiendo qué pasa con mi vida, de pronto todo me sale mal y parece ser nuevo para mí. Mi vida ha cambiado y es difícil hablar de mis problemas, ya que hasta a mí me parecen descabellados.

La pareja volvió contenta y les dijo que se mudarían esa misma tarde. Tía y sobrina se miraron preocupadas.

Isabel Arias llamó a Marcela a la hora del almuerzo y le pidió que fuera a verla porque tenían que hablar. Cuando Marcela llegó, Torbellino haciendo honor a su nombre, salió a su encuentro y le saltó encima. No era la primera vez que la hacia caer y que se quedaba mirándola como si desconociera por qué estaba en el suelo. Isabel apareció caminando lentamente, pues nunca se recuperó del todo desde que fue asaltada y algunas veces, necesitaba de un bastón para caminar. Le reprochó al perro el recibimiento y le ordenó dejar el cuarto, pero Marcela le pidió que lo dejara. Los tres se dirigieron a la sala.

-Me ha costado mucho que Torbellino se acostumbre a la casa, ayer se escapó, lo buscamos por todos lados hasta que el chofer lo encontró bastante lejos de aquí. Hoy estaba mirando cuando llegaste y debió haberte reconocido porque no ladró, cosa que siempre hace. Creo que será un buen guardián. Los dos ladran como si fueran a comerse a quien se atreva a entrar en la casa, pero a ti te esperó muy excitado y silencioso detrás de la puerta. Me gustaría que no dejaras de venir, yo quiero que esté contento y veo que le gusta verte-. Ambas lo miraron. El perro parecía saber que estaban hablando de él y no apartaba los ojos de Marcela. Ella le acarició la cabeza, algo que no debía hacerse con cualquier perro porque puede reaccionar y morder si se trata de un desconocido, pero viniendo de ella le gustaba. Afuera el terrier daba ladridos de protesta porque no le gustaba que lo dejaran a un lado, así que Marcela pidió permiso para entrarlo. Torbellino no se levantó de donde estaba, pero cuando el otro perro se acercó le mostró los dientes amenazadoramente. Isabel lo llamó y se calmó. Las dos mujeres disfrutaron observando el comportamiento de los perros e Isabel invitó de nuevo a Marcela a tomar el té.

-Te veo triste- le dijo y ella terminó contándole sobre Samuel y el boicot de muchas de sus clientas.

-Ya verás que se olvidarán. Son personas amargadas, ociosas y sin nada que hacer, todo lo convierten en un drama, pero ya verás que un día volverán como si tal cosa. En cuanto a Sergio, hubiera sido peor si él te hubiera dicho o prometido algo, pero ya vez, para él sólo fuiste una buena amiga y puedes elegir seguir siéndolo. Y por lo que me dices de Samuel, ¿no será que tú llamas odio al amor? Tal vez estás dolida-. Era la segunda vez que escuchaba lo mismo.- Por lo que dices, él parece arrepentido de lo que hizo. Quizás la forma en que lo has tratado no le da lugar a decirte que siente algo por ti. Háblale sin gritar y así descubrirás si te quiere o no. Y no dejes pasar el amor por tu vida, es muy triste llegar a viejo solo. Yo sé porqué te lo digo-. Eso también se lo habían dicho Asunción y Tomasa, pero ella no pensaba que debía casarse para evitar llegar sola a la vejez. Si ligaba su vida a alguien quería que fuera por amor. Y no podía sentirse enojada con Sergio, pues él se veía feliz y eso era importante.

-¿Se enamoró usted alguna vez?-, le preguntó, pero sintió como si estuviera faltándole al respeto y quiso retractarse. Sin embargo, ella le respondió que sí y que luego le contaría.

Marcela dejó la casa y pensó que era fácil equivocarse al juzgar a una persona. Siempre había visto a Isabel Arias, como a una persona vacía, llena de caprichos y egocéntrica, pero poco a poco se daba cuenta de lo contrario.

Al llegar a la casa, encontró a su tía lista para volver al trabajo y le contó que la había pasado muy bien. Sin embargo, se sintió incómoda cuando se enteró que Sergio ya había llevado sus valijas. En adelante, Marcela decidió contarle todo a su tía y se lo hizo saber.

-Parece que están esperando un bebé y ella piensa ayudarle a Sergio mientras se instalan. El doctor Albornoz no se siente muy bien y quiere dejar de trabajar lo antes posible.

Marcela pensó que Marisol estaba ocupando el puesto que ella había imaginado para sí. Se preguntó si él recordaría que habían hecho planes de tener juntos una veterinaria. Trató de pensar si entre sus planes, él había hablado de casarse, pero sólo recordó lo que ella había planeado respecto a él. También recordó que muchas veces él le había dicho que la amaba como a una hermana. Días más tarde, Marisol le hizo saber que sólo trabajaría un par de días más y que le había propuesto a su marido preguntarle a ella si quería reemplazarla hasta que naciera el bebé. Agregó que Sergio le había contado que antes de irse a estudiar le había prometido que volvería con su diploma y trabajarían juntos. Marcela la miró esperando encontrar en ella un vestigio de celos, pero no había ni un rastro de inseguridad en su mirada. Por las dudas, Marcela se excusó y le dijo que no iba a ser posible debido a su trabajo en el negocio y el hotel. Marisol hizo un gesto de desilusión y Marcela supuso que quizás a ella también le gustaba planear todo y se molestaba cuando las cosas no salían como quería.

Desde ese día se vieron todas las noches. La pareja pidió cenar en la casa y era como parte de la familia. Para Marcela era una tortura verlos siempre acariciándose y su tía tampoco se acostumbraba, pero era algo que no podían evitar. Sergio le propuso a Marcela trabajar en la clínica, pero ella se negó. Él insistió y Asunción acudió en ayuda de su sobrina argumentando que tanto ella como las dos empleadas, estaban poniéndose viejas y no podían prescindir de la ayuda de su sobrina.

A la hora de la cena siempre hablaban de animales y ellos solían contar lo que sucedía en la veterinaria. Marcela expuso un día el problema de los perros de la calle a Sergio y él dijo que eso no estaba en sus manos, aún así, ella insistió y estuvo a punto de decirle que esperó su llegada porque estaba segura que él le ayudaría a encontrar una solución. También comentó que la policía no prestaba atención suficiente cuando alguien era mordido y ponía la denuncia en la comisaría, como el caso de Samuel. Y mencionó que asimismo sabía de personas que no habían recibido la debida atención en las oficinas de protección a animales. Incluso, tampoco en las estaciones radiales, hasta el punto que un locutor en tono burlón le había dicho que si se quejaban, los mandarían a la perrera y serían sacrificados.

-Trataré de hacer algo, pero no creo tener tiempo. El doctor me ha dejado una clientela numerosa y tú sabes que no sólo los perros son un problema. Los estancieros también me llaman cuando algún animal vacuno o yegüero necesita mis cuidados.

Marcela pensó por un momento que el sueño de recibir apoyo de Sergio era una ilusión más que esperó compartir con él.

-Deberíamos ayudarla-, dijo Marisol- Veo que realmente está sufriendo por lo que siente. No le digas que no, por favor piénsalo.

Marcela se sintió herida. Marisol habló como si ella fuera una chiquilla que quería un juguete y quiso decirle que no necesitaba de una intervención a su favor. Pero pensó que si ella lograba convencerlo, se tragaría su orgullo.

Poco a poco fue haciéndose amiga de Marisol y acostumbrándose a verla junto a Sergio. La pareja les contó que el grupo de mujeres había buscado a un abogado y que estaban dispuestas a llevar la revista ante la Corte. Marcela, asombrada, les preguntó cómo se habían enterado y supo que los clientes le habían contado al doctor Albornoz y como Sergio conocía a Marcela habían empezado a involucrarlo. Al comienzo la pareja pensó que estaban hablando de otra persona, pero cuando le preguntaron al doctor descubrieron que era Marcela la que estaba en boca de todos y así supieron los problemas por los que estaba atravesando. Ambos decidieron no decir nada hasta ser informados por Marcela, pero al enterarse de los planes del grupo pensaron en avisarle. Ellos decidieron ayudarla y Marcela tuvo que contarles cómo habían sucedido las cosas y presentó a Samuel como a un cliente. Ellos sólo conocían la historia desde el punto de vista de la parte acusadora, pero al escuchar la otra parte, tanto Sergio como el doctor Albornoz estuvieron de acuerdo que Marcela nunca haría nada para perjudicar a alguien y tenían la certeza que era víctima de un malentendido. «¿Lo era?», se preguntaba Marcela y al recordar veía a Samuel repitiendo que era importante dar a conocer el lugar. Lucía entusiasmado, como si disfrutara junto con ella, la felicidad de que la ciudad fuera visitada por muchos turistas porque eso ayudaba a la economía y la prosperidad. Ese sueño en todo caso, se hizo realidad. Los turistas llegaron antes del verano y eso permitió que el negocio no se afectara con el boicot.

La solidaridad del matrimonio Ayala hizo sentir mejor a Marcela y pensó que la mala suerte que la seguía a todos lados, iba alejándose de ella. Y como si el día no pudiera ser mejor, esa noche llamó Samuel. Le dijo que Verena lo había puesto al tanto de todo y que llegaría a Santa Catalina en menos de una semana. Por un momento, hablaron como antes del altercado pero de pronto, ella reaccionó y empezó a reprocharle por el lío en que la había metido. Él cortó la conversación diciendo que hablarían cuando llegara y ella quiso enojarse pero no pudo. Sólo deseó que el tiempo pasara rápido para estar frente a él y descargar la rabia que llevaba adentro.

Desde que supo que Samuel llegaría no se preocupó por nada más. Ni siquiera se molestó el día que salió a caminar por la costanera y encontró a las dos mujeres que más habían luchado para boicotearla, aunque eran las que menos sabían del asunto y ni siquiera conocían a Samuel. Ellas estuvieron en la televisión local y protestaron por aquello que consideraban como la bajeza más grande cometida por las mujeres del hotel «Las tres hermanas». Al comienzo sólo acusaron a Marcela, pero después agregaron a Tomasa y Soledad, quienes no tuvieron nada que ver. Ellas esperaron enfrentar a las dos mujeres para ver quién era más chismosa. Asunción dijo desde el comienzo que lo mejor era no decir nada. A Marcela le dieron la oportunidad de defenderse en radio y televisión, pero contestó que ella no tenía nada que decir porque no había hecho nada. Esa tarde, cuando se cruzaron en la calle, ignoró verlas y siguió caminando. Ellas se acercaron y le exigieron que se detuviera, pero Marcela les contestó que ella no tenía que rendir cuentas sino el autor de la nota, quien llegaría en pocos días y tendrían la oportunidad de confrontarlo. Por un segundo, sintió la mirada cargada de odio de las dos mujeres y se extrañó de tanta injuria. ¿Cómo podían volcar en un segundo un lazo de amistad y entendimiento que sostuvieron por tantos años? Marcela recordó que desde su llegada a Correntoso, las mujeres vivían en la misma casa, llevaban siempre un vestido pulcro y sencillo en la semana, y un traje clásico con sombrero los domingos cuando iban a la iglesia y se sentaban en el mismo banco. Marcela no podía entender qué las había hecho cambiar en su interior. La juzgaron y condenaron sin darle la oportunidad de defenderse. Sin embargo, personas como Sergio, el doctor Albornoz, Isabel Arias, Tomasa, Soledad y sus tías, no dudaron un segundo de su integridad. Era con ellas, a quienes podía contar con los dedos de la mano, con quienes tenía un lazo muy fuerte. Soledad, que era muy creyente, decía: «Ellas no cuentan con que hay un ser muy grande y nos está ayudando», porque según ella, los clientes que llegaron al hotel habían sido enviados por Dios y nadie pensaba discutírselo porque tampoco estaban seguros si era cierto o no.

En medio de sus pensamientos, Marcela sintió un tirón de la correa y notó que estaba arrastrando a Mimosa. Se apenó por olvidar que era una perra pequeña, de patas cortas, que no podía caminar rápido. A veces ponía en aprietos a su mascota, que corría tratando de alcanzarla hasta que renunciaba y se sentaba en sus patas traseras negándose a seguir. Le pidió perdón y una persona que pasó a su lado le dijo: «Usted también habla con su perro» y se sonrieron como si hubieran descubierto algo en común.

Al llegar a la casa oyó a Asunción hablando con alguien y no prestó atención. La cocina era el lugar de reunión antes de la cena o el sitio donde los huéspedes acostumbraban ir a pedir algo o a buscar información turística de Santa Catalina. Marcela le limpio las patas a Mimosa, colgó la correa y se dirigió a la cocina. Sin pensarlo, se encontró de frente con Samuel. Ella trató de disimular su sorpresa y tal como lo planeó, saludó de manera cortes y fría, pese a que él se acercó para darle un abrazo.

-Como te prometí vine a pedir perdón y a aclarar que no tuviste nada que ver con el artículo en la revista. Espero que sepas perdonarme. Como le dije a tu tía, he conducido por muchas horas y quiero descansar, mañana hablaremos-. Se levantó, se despidió amablemente de Asunción y se retiró. Marcela, asombrada, lo vio salir.

-No me digas que se quedará aquí.

-Me convenció de alquilarle un cuarto y al verlo tan cansado accedí-. Marcela quiso reprocharle a su tía, pero decidió tranquilizarse. Últimamente, había perdido la calma y los buenos modales, y más de una vez le había contestado mal a su tía hasta faltarle al respeto. Decidió entonces, retomar el libro que estaba leyendo y llamó a Mimosa. Antes de retirarse a su cuarto, besó a su tía. Pensó que le iba a costar trabajo dormir, pero no fue así. A pesar de su enojo, el hecho de que Samuel estuviera cerca la hizo sentir protegida.

Al día siguiente, se levantó contenta y fue temprano a la cocina a leer el periódico, que su tía siempre tenía sobre la mesa. Mientras desayunaba, escuchó limpiar la vereda. Alguna vez oyó decir que esa costumbre había sido traída de Europa. Su tía y algunas vecinas mayores, lo seguían haciendo. Cerca de las ocho y media, sin pensarlo, se levantó y preparó el desayuno de Samuel. Como ella, él era metódico y le gustaba hacer las cosas siempre igual. Cuando él llegó a la cocina, le preguntó si iba a comer huevos fritos y él le respondió que como de costumbre. Luego, tomó el diario y se sentó. Marcela sintió una ráfaga de rabia, pero se propuso evitar el mal humor. Quería hablar con él tranquilamente y lo dejó desayunar. Asunción ya se había ido para el negocio. Apenas Samuel terminó de leer, Marcela le arrancó el diario y en tono autoritario le dijo que debían hablar. De inmediato pensó que había empezado mal, pero él no dijo nada y eso la calmó. Lo puso al tanto de lo que estaba pasando y del ofrecimiento de la televisión local para exponer su punto de vista. Ambos acordaron que esa era una buena oportunidad para pedir disculpas y apaciguar a todos. Enseguida, llamaron a la televisión y concertaron una cita. Luego, ella fue al negocio y él a caminar. «Espero que no vayas en busca de más chismes, le dijo Marcela al despedirse.

Los dos llegaron al canal en silencio. Entre ellos no hubo los comentarios habituales de dos personas que se conocen, más bien parecían extraños. En el canal todos sabían por qué estaban ahí y enseguida los llevaron a la oficina de la productora, quien les hizo repetir la historia. Ella les comentó cómo pensaba presentarlos y les enseñó la grabación de la parte acusadora. Marcela ya la había visto, pero confirmó en una de las entrevistas que sus clientas la acusaban de ser partícipe de la traición. El programa se basaba en parte de lo que había sido publicado en la revista.

-¿No debieron comunicarse con la revista antes de lanzar una acusación así?

-No señor. La televisión es una fuente informativa y puede dar una opinión. Nosotros no lo acusamos, sólo mostramos lo que las damas dijeron. A la señorita Marcela le dimos la oportunidad de exponer su versión, pero ella se negó a venir el día en que reunimos a las personas interesadas en presentar el caso.

-Ella pensaba que debíamos hacerlo juntos, ya que yo escribí el artículo.

-Pero ella le ayudó a conocer a las personas implicadas y se las ingenio para hacerlas hablar.

-Nadie las obligó a contar sus historias, yo no las publiqué con la intención de perjudicarlas. Solo pensé que era interesante dar a conocer a los habitantes de Correntoso-. Samuel mintió. No dijo las cosas como eran realmente. Si él o la revista eran llevados a la Corte, sería el final de su carrera y no estaba dispuesto a perder su puesto.

-Ellas no piensan así, entiendo que tienen intención de presentar una demanda. O quizás ya lo hicieron-. La mujer los miró esperando una repuesta, pero ellos no contestaron y la mujer siguió hablando.

-Sería bueno que lo hicieran. Así tendremos oportunidad de presentar nuestro punto de vista. Usted parece estar de parte de ellas-, dijo Samuel.

-Quiero a mi ciudad y conozco a las ofendidas desde hace muchos años. Una de ellas es mi tía-abuela y la historia que usted escribió no coincide con lo que yo escuché sobre mis antepasados.

-Será porque la historia de sus antepasados no es la que se publicó-, dijo Samuel y se levantó.-Veo que no estará de nuestra parte, de manera que no creo que me deje exponer el caso.

-Yo sólo soy la productora. Hablaré a la oficina y veré si logro una cita.

Marcela y Samuel dejaron la oficina preocupados. Samuel la invitó a tomar un café y ella aceptó porque no quería regresar sin nada concreto.

Después, decidieron probar con el diario local y eso les levantó el ánimo. Allí también habían estado las dos mujeres y habían dicho que llevarían el caso a la Corte, contra ellos y la revista. Eso no los dejó muy contentos, pero sabían que la responsabilidad recaía sobre ellos. Samuel les hizo saber que él había pensado que los implicados iban a estar orgullosos de ver sus historias en la revista, pues la forma en que se presentaron no era ofensiva y no creía que perjudicara a nadie. El había escrito muchos artículos y nadie se había quejado al respecto. En la redacción del diario les aconsejaron contar cómo habían ocurrido las cosas y que usaran el periódico para pedir disculpas.

Luego, dejaron la oficina sin saber qué pensar. Samuel nunca esperó encontrarse con una oposición de esa índole y empezó a preocuparse. Ninguno tenía ganas de comer y se sintieron incómodos cuando el mesero los reconoció. Pero al ver que era un muchacho joven y que no parecía estar enojado, se sintieron mejor. De vuelta a casa, ella se quedó en el negocio y él fue a escribir lo que quería que el diario publicara.

En la noche, Asunción le recomendó a Samuel cenar con ellas, pues no le parecía buena idea que lo vieran antes de pedir perdón. Sergio y Marisol llegaron en el momento de servir la cena. Fueron presentados e intercambiaron opiniones sobre lo que les preocupaba. Sergio no vio con buenos ojos a Samuel. Había oído de él y antes de conocerlo, pensó que era ambicioso y que con tal de lograr un buen reportaje no se había detenido a pensar que podía perjudicar a Marcela. Pero Marisol, esa noche a solas con Sergio, lo defendió diciendo que ella no veía que lo escrito tuviera un carácter malintencionado. Sin embargo, Sergio se había enterado que él se las había ingeniado para que la revista no llegara a Santa Catalina, quizás porque presentía que los protagonistas no iban a estar de acuerdo en que sus historias se publicaran. De otra forma, no era claro por qué la revista no había llegado al lugar donde había logrado éxito literario por publicar las historias de sus habitantes. Marisol quiso saber dónde se había enterado de tanto, pero él dijo no recordar, sólo que en Correntoso las noticias iban más rápido que la pólvora.

Pese a su antipatía hacia Samuel, por las noches seguían cenando juntos. Nadie hubiera podido adivinar la rivalidad entre los dos. Samuel también sabía de la amistad existente entre Marcela y Sergio y sentía celos. Los veía conversar animadamente, siempre sacando a relucir pasajes de su niñez y deseaba que Marcela lo tratara con la misma confianza. Sin embargo en algunos momentos, se sentía mal sabiendo que había actuado de manera equivocada, pero seguía mintiendo y para aplacar su conciencia a veces seguía culpando a Marcela de rencorosa. Pensaba que si ella no lo hubiera gritado, nada de eso habría pasado, ya que la revista estuvo a punto de permitir que sólo se publicara la parte geográfica del lugar. En últimas, lo había hecho para desquitarse de ella. Además, el éxito que había logrado recibiendo el elogio de todos y un ascenso en el trabajo, no había podido disfrutarlo y eso lo convencía que estaba a mano con ella.

EL tiempo que permaneció en Santa Catalina no cambió las cosas. La presentación en la radio, el reportaje en el diario y las disculpas por la televisión, tampoco ablandaron a las «señoras del boicot», otro nombre con el que apodaron a las ofendidas era «damas de Correntoso». Ninguna se presentó en el negocio para disculparse por haber acusado a Marcela de complicidad y tampoco se detuvieron a hablarles cuando los encontraron por la calle. Asunción trató de consolar a su sobrina y le dijo que quizás la seguían implicando en el asunto porque siempre la encontraban en compañía de quien consideraban un chismoso.

Samuel tuvo que irse y prometió volver a la semana porque el canal de televisión logró que las damas aceptaran participar en un programa donde los dos bandos expresarían sus puntos de vista. El asunto tomó proporciones desmedidas, unos estaban de parte de las ofendidas, la mayoría de las personas de edad, otros de parte de los dos jóvenes, y un tercer grupo apoyaba a Marcela, pero no estaba de acuerdo con la acción de Samuel.

Marcela se mantuvo firme en su convicción de no dar a Samuel ningún signo de esperanza a su amistad. Hasta el final lo trató cortes y fríamente. Él ni siquiera trató de acercarse por temor a ser rechazado. Algo le decía que era mejor andar despacio y se propuso dejar las cosas como estaban hasta su regreso. Se despidieron con un leve apretón de manos y hasta el final, Samuel le repitió que estudiaría la situación ya que no había logrado saber si habían sido demandados o no y si ella había sido incluida. Prometió hablar con un abogado y ver las opciones que tenían.

Pasaron unos días de tranquilidad en que lo único que molestaba a Marcela era encontrarse con alguien y ser ignorada. Mimosa siempre había recibido un elogio o una caricia de las clientas y les movía el rabo en señal de alegría. Desde lo sucedido, las mujeres actuaban con indiferencia o pasaban torciendo la cara y hablando en voz baja entre ellas.

Marcela se preguntaba qué podía pasarles por la cabeza, pues todo no dejaba de ser ridículo. Le dolía que la trataran así, sin haber hecho nada malo. Cada vez que iba a visitar a Isabel ésta le preguntaba si se había dado una reconciliación, pero ella negaba con la cabeza. A veces en sus paseos incluía a Mimosa, pero como la mascota no aceptaba del todo a Torbellino, no había vuelto a llevarla.

Una noche llamó Clara para avisarles que Verena se había caído en la calle y estaba interna en el hospital porque se rompió la cadera. Marcela se preocupó porque seguramente era falta de calcio. A todos aquellos que estuvieron dispuestos a escucharla les comentó sobre la importancia de realizarse la prueba de densidad ósea, al menos cada dos años, y aconsejó a las mujeres de la casa a hacerlo. Pero eso no tranquilizó a Asunción ni siquiera cuando su sobrina le recordó que había sido bueno presentarle a Clara para que Verena no estuviera sola, además se habían hecho buenas amigas. Marcela quiso viajar a la ciudad para cuidar a su tía, pero Asunción la convenció que sería más útil en el negocio y le recordó que en dos días volvería Samuel y tendría lugar el show en televisión. Marcela se desanimó y pensó de nuevo que su vida había cambiado el último año. De pronto, se sintió atada a muchas cosas y se resignó a seguir el pedido de su tía. Entonces, fue a la estación a despedir a Asunción.

La presencia del matrimonio Ayala la hizo sentir menos sola, aunque a veces era extraño vivir con ellos como si fueran una familia. En ocasiones, sentía un poco de molestia cuando los veía acariciarse, aunque después de unos días empezaron a tratarse con más recato quizás porque se habían dado cuenta que a las mujeres de la casa les incomodaban esas demostraciones de cariño. Sus tías siempre fueron afectuosas con ella y lo seguían siendo, aunque sólo lo expresaban en privado.

A su regreso de la parada de autobuses, Marisol la estaba esperando con la cena lista y junto con Sergio, trataron de hacerla sentir mejor. Ella empezó a hablar de su familia en detalle, tanto que Marcela sintió como si los conociera. Tomasa y Soledad se ofrecieron a acompañarla en las noches, pero Sergio les dijo que no era necesario, pues ellos cuidarían de ella y de la casa. Eso hizo sentir a Marcela otra vez como una niña, pero le permitió preocuparse por ella.

Los días pasaron rápido. El negocio no volvió a recobrar su vieja clientela, pero era frecuentado por los turistas que llegaban, la mayoría en auto. Antes de dejar la ciudad se aprovisionaban de todo, ya que el trayecto era largo hasta la capital u otras ciudades. Su ubicación era ideal porque la avenida daba a la salida y el último vistazo que se daba era hacia la costanera y el río.

Llegó el día en que Samuel debía regresar y Marcela lo esperó tranquila. Terminó de cenar y aun no aparecía, pero no se preocupó porque supuso que al otro día estaría listo para acompañarla al programa de televisión. Cuando la pareja se disponía a retirarse a sus aposentos, sonó el timbre. Sergio fue a abrir la puerta y Marcela lo escuchó conversar con Samuel y dirigirse hacia la cocina. Aunque entre ellos no había gran simpatía, lo disimulaban bien. Samuel saludó a Marcela con la esperanza de ser bien recibido, pero ella le demostró que nada había cambiado. Entonces, no intentó abrazarla y según la forma como ella le extendió la mano, notó que esperaba darse el gusto de rechazarlo. Marcela le preguntó con amabilidad si había cenado y él le dijo que un vaso de vino o un café no le vendrían mal. Le preguntó si todo seguía igual y ella le hizo saber que sus antiguas clientas aún no la perdonaban.

-Todavía no han puesto la denuncia. Quizás el abogado les ha dicho que no tienen oportunidad de ganar. O que hay una probabilidad aunque muy pequeña.

Samuel le contó también que había visto a Asunción y que había visitado a Verena en el hospital. Marcela lo miró asombrada, pues nunca pensó que fuera una persona con algo de sentimientos. Lo creía más bien un hombre indiferente. Nunca le contó nada sobre su vida privada y si tenía o no familia. Pero si él no quería hablar, ella tampoco deseaba preguntarle porque sería como si estuviera interesada en él. Decidió esperar a que él rompiera el hielo. Esa noche se hizo muchas preguntas y cuando tuvo la oportunidad de estar a solas con Marisol, le contó lo que tenía en mente.

-Sabes Marcela, me haces pensar que él te gusta, pero eres chapada a la antigua y tu ego no te permite demostrar lo que sientes porque piensas que si tomas la iniciativa él puede interpretarte mal. Pienso que tienes miedo, no sé de qué. Recuerdo que me contaste que nunca tuviste un acercamiento con alguien del sexo opuesto, sólo una ilusión-. Marcela la desmintió y se las ingenió para cambiar de tema y evitar así, que ella la viera nerviosa. Estaba avergonzada y no pudo dejar de pensar que tal vez Samuel nunca sintió nada por ella. En el fondo no deseaba retomar la relación con él, pero sí seguir una amistad. Nunca se detuvo a pensar si ella era la culpable de la situación y si lo había herido o humillado alguna vez.

Al otro día, desayunaron y salieron para presentarse en la televisión. En el programa se enteraron que la transmisión no sería en vivo y eso los relajó un poco. Las mujeres se habían vestido con sus trajes de ir a misa. No llevaban sombrero, pero estaban bien peinadas y se veían elegantes. Marcela en cambio, se vistió de manera sencilla. No se creía una belleza, pero estaba contenta con la imagen que reflejaba el espejo. Siempre le había caído bien a todos, hasta el día que su vida tomó otro rumbo. La gente ponderaba su sonrisa franca, pero para esa ocasión, le pareció que lo mejor era verse lo más seria posible. Sin embargo se sintió incómoda y quiso mostrar el lado alegre, que parecía haber perdido últimamente. Mientras todos en la sala esperaban con nerviosismo su turno, ella se entretuvo mirando en detalle a los presentes. Al entrar saludó a la gente, pero nadie respondió. «Estas señora vienen en son de guerra y guerra tendrán», pensó y le causó gracia verse en la situación en que se encontraba. Antes de ir al canal habían pasado por la oficina de un abogado que les había recomendado Sergio y aunque, evitaron llegar juntos, ya que los acusaban de haber actuando en complicidad, lo olvidaron y llegaron hablando amigablemente. Ese día se trataron mejor. Hubo momentos en que se sintió cómoda, pero en ocasiones, todo lo que él hacía o decía la ponían de mal humor y terminaba tratándolo de forma grosera. En la sala se sentaron uno cerca del otro y dejaron de hablar el tiempo que esperaron.

Antes de salir al aire, les empolvaron la cara para evitar el brillo. Todos parecían disfrutar y estar a la espera de lucir bien en la pantalla. De pronto, llegaron los camarógrafos y una persona les comentó cómo sería la grabación. Uno de los invitados al programa era un abogado, quien contestaría las preguntas que el público hiciera por teléfono. Antes de empezar, una locutora le sugirió al camarógrafo filmar para hacer una prueba. Luego abrieron una puerta y entraron los invitados. El show se abrió con la introducción de la presentadora y luego, empezaron las preguntas. Algunas mujeres estaban un poco nerviosas. Antes de entrar, Samuel le pidió a Marcela que le indicara quiénes no habían salido en la revista y precisamente, dos de ellas eran las que siempre estaban dispuestas a contestar las preguntas. A Samuel le costó reconocer a las demás, con una de ellas había hablado sólo una vez, y las que le señaló Marcela no recordó haberlas visto nunca. Cuando le preguntaron si reconocía a las personas del panel, él dijo que no estaba muy seguro, pero que definitivamente con dos de ellas no había hablado nunca. Las mujeres aludidas se pusieron nerviosas y las preguntas hicieron sentir a todos como si estuvieran en un juzgado más que en la televisión. Los periodistas de los diarios y la radio local estuvieron presentes. A la hora de las preguntas del público, algunos tomaron partido o fueron imparciales y otros, simplemente quisieron averiguar sobre el asunto. El programa finalizó con algunas preguntas sobre el motivo por el cual estaban allí. Las dos personas que no tenían nada que ver con el asunto, tomaron la palabra y defendieron con pasión el derecho a la privacidad de la cual las habían despojado. Cuando le tocó el turno a Marcela, describió en pocas palabras su participación en el problema y sonó como si estuviera defendiendo a Samuel al afirmar que no estaba segura si él había obrado con malicia o si simplemente estaba haciendo un buen trabajo para la revista. De repente, cortó su intervención abruptamente porque recordó que quería que él solo limpiara su nombre, pero sus sentimientos encontrados la estaban traicionando y no quería decir algo de lo cual pudiera arrepentirse. Cuando le tocó el turno a Samuel, dijo que la idea de estar en la televisión era para pedir disculpas y que como periodista su meta era informar. Comentó que las historias que le habían contado eran muy interesantes y que no veía que al escribirlas pudiera perjudicar a nadie. Su objetivo principal, dijo, era pedir perdón a Marcela por el lío en que la había metido y repitió que ella no debía estar implicada. Las mujeres quisieron protestar, pero la locutora dio por finalizado el programa. Al salir, Marcela las oyó decir que ambos habían comprado el espacio porque a ellas no les habían dado suficiente tiempo para expresarse.

-No creo que eso vaya a apaciguarlas-, dijo Marcela.

-No sé que más puedo hacer-, contestó Samuel.

En la casa, le dijo que debía irse enseguida porque lo esperaban en el trabajo. Marcela le había pedido que le llevara un paquete a Asunción y corrió a su cuarto a buscarlo, mientras encontraba la forma de retenerlo un poco más. Pero no se le ocurrió nada y sintió tristeza porque sabía que si se solucionaba el problema probablemente no volvería a verlo más. Sin embargo, pretendió estar contenta. Samuel salió por un momento y luego regresó arrastrando las valijas. Marcela sin saber cómo, sintió un impulso terrible, lo abrazó, lo besó en la mejilla y le dio las gracias. Él sólo le pidió que le hiciera saber como salía todo y se marchó.

A la hora de las noticias, pasaron la grabación y la presentadora fue la encargada de anunciarla. Marcela recordó que ella había sido quien los había entrevistado la primera vez y temió que dijera algo en contra de ellos. Sin embargo, fue muy profesional y no hizo ningún comentario inconveniente, aunque la entrevista fue recortada en gran parte, y sólo salieron las palabras finales de Samuel. En el cierre, la locutora anunció un programa especial donde se presentaría toda la grabación y Marcela respiró aliviada. Esa noche, Tomasa y Soledad vieron las noticias y se reunieron a conversar con Sergio y Marisol. Marcela entre tanto, tuvo que contestar el teléfono porque no dejó de sonar. Las personas llamaron a dar su opinión y las tías también, pero escucharon con desilusión a Marcela quien les dijo que no estaba muy segura de que el esfuerzo hubiera servido para cambiar las cosas, pues ninguna de las mujeres se le acercó para decir algo antes de abandonar la sala de grabación. El silencio fue más elocuente que las palabras.

Intercambio de cartas

Capítulo seis

Durante varios meses hubo un intercambio de cartas entre Marcela y Samuel. El juicio comenzó y en vano el abogado de la parte acusadora trató de convencerlas que perderían dinero y tiempo porque no había ninguna posibilidad de ganar. Además, les advirtió que si quería obtener dinero por daños y perjuicios era difícil probarlo. Samuel había escrito de manera muy profesional lo que le habían contado y como no había usado los nombres de las protagonistas, resultaba difícil probar que se trataba de ellas. En cada historia, él los nombraba como «los primeros pobladores», citando apellidos pero nunca nombres. Los afectados negaron que su intención de demandar fuera por dinero y confirmaron una y otra vez, que sólo querían justicia para que en el futuro nadie hiciera dinero vendiendo revistas con temas personales. No se consideraban figuras públicas y por tanto, no tenían ningún interés en ver sus nombres publicados en las revistas.

Marcela por su cuenta, trató de averiguar si las historias eran verídicas e intentó recordar las que había escuchado cuando acompañó al periodista en sus paseos por la ciudad, en busca de algo interesante para narrar. Entre lo que recordaba y leía en la revista, algunas resultaban inexactas. Notó que Samuel se había cuidado en aparecer como un chismoso o tal vez, no había entendido muy bien lo que le contaban. Eso hacía que las denunciantes sólo supieran que estaban hablando de ellas si se identificaban con el relato. Samuel insistió en decir que no recordaba haber hablado con las dos mujeres que encabezaban el grupo. Un día en que se comunicaron por teléfono, llegaron a la conclusión que las dos mujeres conocían la historia de sus antepasados y por eso eran similares a las mencionadas. Los fundadores de Correntoso, nombre que adquirió cuando era un pueblo y que luego cambiaron por Santa Catalina cuando logró el número de habitantes necesarios para convertirse en ciudad, habían llegado de Europa, la mayoría por barco, y sufrieron las misma adversidades y sacrificios por lo que era fácil confundirse. A pesar de que tanto Marcela como Samuel sabían que él había actuado de mala fe al no haber pedido autorización para publicar las historias, ambos no justificaban que las personas estuvieran tan enojadas. Marcela estaba de acuerdo con que Samuel hubiera comentado sobre las primeras calles que se construyeron, así como la llegada de la electricidad, el gas, el teléfono y los primeros automóviles. Era una forma de informar al lector sobre la forma como surgió la ciudad y cómo lograron sobrevivir sus fundadores. La rabia de Marcela se fue apaciguando y cada vez que releía el artículo lo encontraba mejor, mucho más informativo, tanto que se enteró de muchas cosas del pasado de la ciudad, donde había vivido parte de su vida.

El día en que se abrió el juicio, la sala estaba repleta. Las dos partes se presentaron y explicaron el motivo por el cual estaban allí. Samuel había llegado la noche anterior y le había dicho a Marcela que si no fuera porque estaba contento de verla, hubiera estado furioso de tener que perder unos días sin trabajar. Llegó al hotel como si lo hubieran invitado y Marcela quiso protestar, pero su tía le dijo por teléfono que ella le había ofrecido una habitación. Marcela casi pierde la calma, pero Asunción le comentó que él se había comportado muy bien con Verena y con ella en la capital. En todo caso, a Marcela le pareció que su tía estaba yendo muy lejos, pues no había transcurrido mucho desde que Asunción había manifestado que Samuel le caía mal y no disimulaba la desazón que le causaba verlo. Pero desde que estaba en la capital, lo único que hacía era ponderarlo por lo bueno que había sido con ella.

-No sé como me las hubiera arreglado para moverme en la ciudad, pues siempre dependí de mi hermana, pero gracias a él pude hacerlo. Me llevaba o iba a buscarme al hospital todo los días y también gracias a Clara no he tenido ningún problema. No sé por qué la gente dice que los habitantes de las ciudades grandes no son amables. Por mucho tiempo pensé eso hasta que me demostraron lo contrario-. Todo eso se lo dijo por teléfono a Marcela, quien estuvo a punto de decirle que las chismosas estarían encantadas de saber que él se hospedaba en el hotel estando ella sola.

El juicio fue corto y como era de esperarse, Samuel salió triunfante. Él hubiera deseado que se prolongara más porque estaba logrando la confianza de Marcela y la ayuda de sus tías para reiniciar el romance. A veces le parecía que tanto Marcela como las tías eran muy tradicionales, pero le gustaba la lucha que estaba llevando a cabo para conquistarla. Hasta entonces había tenido relaciones que terminaban como empezaban, demasiado rápido. Como su trabajo era primordial para él, decidió hacer las valijas e irse tan pronto terminó todo. Él sabía que Marcela también tenía sentimientos hacia él, pues sus tías aunque no se lo dijeron directamente le dieron a entender que no le era indiferente. Se propuso entonces que esa sería su última conquista, así fuera lenta pero segura.

Esa noche después de cenar, se sentaron a ver televisión y comentaron que no habían visto a Marisol ni a Sergio desde que se habían mudado a su nueva casa cuando se enteraron que Verena ya estaba mejor y Asunción volvería pronto. Vieron el canal local para ver si transmitían el último día del juicio, que tenía a todos pegados al televisor. En una ciudad tranquila como Santa Catalina no dejaba de ser una novedad que alguno de sus habitantes causara tanta sensación. En las noticias lo primero que mostraron fue un camión lleno de perros, que estaban siendo bajados en la comisaría de manera brusca y los cuales habían sido atrapados en una redada, especialmente en el barrio Correntoso. Alguien se había quejado del gran número de estos animales que vivía en las calles y la municipalidad había decidido tomar cartas en el asunto, pero como no tenía un lugar dónde ponerlos los entregó a la policía. Desde ese día, cualquier perro que vagara por las calles sin collar y patente sería llevado a la perrera y el dueño debería pagar una multa para recuperarlo, y si era el caso, llevarlo al veterinario para ponerle las vacunas. Si el perro no era reclamado en una semana sería sacrificado. Marcela al escuchar la noticia sintió que un frío le recorría el cuerpo.

-Muchos no podrán o no querrán pagar. Ya sabemos como son muchas personas.

-Es hora de que se tomen medidas. Nadie debería tener un animal si no está seguro que lo puede cuidar-. Samuel repitió lo que Marcela escuchó muchas veces en palabras de su tía y esas palabras la pusieron tan triste que sintió ganas de llorar. Samuel a pesar de que estaba de acuerdo con Asunción, le dijo que era una situación amarga y sintió lástima por los animales. Marcela lo miró dudando de que pudiera importarle pero lo sintió sincero. Dejaron de mirar la televisión y hablaron de lo que estaba pasando. Al rato, él se excusó y dijo que debía retirarse porque tenía que madrugar al día siguiente.

-¿Qué puedo hacer?, sé que la mayoría no pagará y todos los perros serán sacrificados-. Le preguntó Marcela antes que él saliera.

-Marcela cuando uno no puede hacer algo, simplemente debe aprender a resignarse. Trata de pensar que ya salvaste dos perros y tal vez otras personas harán algo.

Eso no le cambió el ánimo. Esa noche dio vueltas en la cama tratando de encontrar una solución, pero mientras más lo pensaba menos segura estaba de lograr algo.

Al día siguiente, despertó y se sintió mejor por un minuto pues de repente, volvió a su mente la noticia de la noche anterior y sintió un gusto amargo en la boca. Había olvidado poner el despertador, así que saltó de la cama hacia la cocina. Soledad ya le había servido el desayuno a Samuel y él estaba listo para marcharse. Marcela vio el diario y leyó que en letras grandes decía: «La ciudad de los perros», así que se dispuso a leer, pero Samuel le dijo que debía irse y se despidió de ella con un beso, ella no se percató de ello. En el periódico se mencionaba el artículo de la revista, pero la descripción era distinta. Ya no se presentaba a los animales como a seres felices que paseaban libres por las calles, sino como a los causantes de los problemas. Decía que muchos de ellos estaban infestados de pulgas y garrapatas, algo muy peligroso porque los hacía portadores de enfermedades. Algunos sufrían de estrés y otros tenían parásitos que podían contagiar al ser humano. Se afirmaba que la fuente principal de contagio eran las verduras regadas con agua infectada por la defecación de perros parasitados. También por la convivencia de niños con perros que no eran desparasitados adecuadamente. El diario nombraba otras enfermedades y mencionaba que la gente no acostumbraba a esterilizar a sus mascotas. Se calculaba que una perra podía tener dos camadas de cachorros en un año, es decir una docena. Aunque muchos morían en las perreras, por peleas entre ellos, envenenados o mutilados, se consideraba que eso era responsabilidad del propietario del animal. Los datos eran elocuentes para iniciar una campaña que obligara a todo dueño a esterilizar a sus mascotas.

Marcela se alegró de leer eso y decidió aceptar lo que se hiciera con tal de lograr una solución. Sin embargo, no dejó de culpar a Samuel por haber abierto un mundo nuevo a una realidad amarga de tiempo atrás, no sólo en Santa Catalina sino en muchos lugares del mundo. Ella había vivido casi toda su vida siendo testigo de esta multiplicación y a veces los sentía parte de su existencia. Nunca se le ocurrió pensar que esos animales, que a ella le resultaban tan graciosos y llenos de vida, pudieran traer tantos problemas. Sabía que algunos vivían en la calle, sin dueños, pero lograban sobrevivir porque alguien los alimentaba. La prueba de ello era que no lucían desnutridos o hambrientos.

Algunas clientas que visitaron el negocio, dieron su opinión a favor o en contra de que la municipalidad se llevara a los animales sin permiso de sus dueños. Cuando salió a relucir el tema de las enfermedades, hubo quienes culparon la calidad de la comida de los perros, que ya no era tan buena como antes. Marcela les dijo que el alimento era balanceado y no creía que pudiera perjudicarlos, pero ellas suponían que hablaba así porque vendía el producto. Los clientes que pasaron a comprar algo cuando salieron del trabajo, expresaron también opiniones contrarias. La discusión duró todo el día. Nadie comentó si le habían confiscado algún animal, pero todos deseaban saber quién había hecho la denuncia. Marcela decidió mostrarse neutral y después de que sus comentarios fueron rechazados, optó por no hablar más. Sin embargo, mientras escuchaba a sus vecinos se dio cuenta que era difícil que comprendieran la situación. La mayoría opinaba que no era deber de la municipalidad decidir lo que cada quien debía hacer con sus mascotas y muchos de ellos tampoco estaban decididos a encontrar una solución. Hasta entonces nunca se preocuparon por vacunarlos y no conocían a alguien que se hubiera enfermado por contagio o tuviera un perro enfermo. Casi todos los perros morían atropellados por un automóvil y eran pocos los casos por enfermedad, la cual relacionaban con la comida para perros. Las personas en general, no recibían de buen agrado las innovaciones que traía el progreso y les costaba trabajo aceptar algo distinto. Atacaron la televisión porque la consideraban un lujo innecesario y en cierto modo, tuvieron razón porque en algo les cambió la vida. Sin embargo, la aceptaron poco a poco y al final algunos se hicieron adictos a ella, en especial los niños que ya no salían a jugar por estar pegados al aparato. Pese a todo, cuando la familia se reunía a ver un programa sentían que el aparato odiado los unía. Al comienzo había pocos canales y todo era más fácil, pero cuando éstos se multiplicaron las familias optaron por comprar televisores para cada cuarto a fin de evitar peleas. Aunque protestaron contra el aparato fue poco lo que pudieron hacer al respecto y para colmo, llegó el computador y toda la gente tuvo que depender de él y aceptarlo porque tenía más puntos a favor que en contra.

Después de un día largo, Marcela quiso cerrar el negocio para llamar a Sergio, pero de pronto escuchó a dos clientes decir que probablemente quien había puesto la denuncia era él, ya que le convenía la condición impuesta a los dueños en el sentido de que la única forma de rescatar a las mascotas era pagando una multa y comprometerse a vacunarlos y comprarles el collar contra las pulgas. Como él era el único que tenía una veterinaria en el barrio hasta lo acusaron de estar de acuerdo con la municipalidad. Marcela que hasta entonces se había mantenido callada, saltó a defenderlo.

-No será que usted también es cómplice. Yo recuerdo que cuando eran niños siempre andaban juntos.

Marcela no pudo dejar de pensar que hasta hace un tiempo sólo recibían el halago y la admiración de sus clientes, pero de repente todos parecían sentirse con el derecho de ofenderlas. Las cuatro mujeres formaron entonces un frente para defenderse y Tomasa terminó diciéndoles a los clientes que si no dejaban de faltarles al respeto lo mejor era que no volvieran más. Los tres hombres que acusaron a Marcela, salieron del negocio maldiciéndolas a todas y prometiendo no volver ni tampoco sus esposas. Tomasa se disculpó entonces, diciendo que tal vez habían perdido a unos clientes, pero que ella no podía permitir que las trataran así, especialmente a Marcela, a quien conocían desde niña.

Marcela decidió llamar a casa de los Ayala después de cenar, pero el matrimonio llegó al rato. Marisol estaba en avanzado estado de embarazo y comentaron al respecto. Marcela sintió confianza para preguntarle qué sentía, pues le intrigaba la razón por la cual las futuras mamás siempre se llevaban la mano al vientre como si no dejaran de sentir al bebé que se preparaba para venir a este mundo. Marisol le dijo que imaginaba que cada madre actuaba diferente y que ella se tocaba el estómago porque sentía el peso del bebé y sus movimientos. Además, su vientre abultado no le permitía encontrar una posición cómoda para los brazos. Para Marcela hablar de estas cosas le resultaba difícil porque se había criado en un ambiente donde esos temas no se tocaban. Muchas veces quiso preguntarles a sus compañeras de escuela, pero prefería dejarlas con la duda de saber qué hacía o dejaba de hacer. Como Marisol era más liberal fue fácil confiar en ella.

Después de un rato, llegaron a la conversación que todos esperaban, el tema de los perros. Sergio dijo lo que todos sabían, que había hablado con la municipalidad y ellos habían prometido tomar cartas en el asunto.

-Tú has llevado a esos animales a la muerte hablando en la televisión sobre el problema-. Sergio miró extrañado a Marcela y le dijo que estaba seguro que los dueños iban a pagar por liberarlos.

-Pareces haber olvidado cómo actúa la gente de nuestro barrio. No olvides que muchos de ellos han quedado atrás en cuanto a progreso. Pocos de ellos pagarán, ya verás.

Sergio prometió ir a la asociación protectora de animales ya que tal vez ellos ayudarían. Eso tranquilizó a Marcela. También le dijo que habían pensado hacer una propaganda para la televisión con el fin de educar a la gente sobre la importancia de esterilizar y vacunar a las mascotas y que le habían propuesto a él ser el presentador. Marcela pensó que eso haría que los clientes confirmaran sus sospechas e intentó decírselo, pero prefirió callar. Luego la pareja se fue y Marcela se quedó conversando con su tía, quien le preguntó a quemarropa si sentía algo por Sergio, pues alguna vez pensó que los dos se casarían. Asunción siempre esperaba que su sobrina iniciara la conversación, pero ella ya no le confiaba sus dudas como lo hacía antes. Entonces, a la tía no le quedaba más remedio que preguntar y terminaba haciéndolo en el momento menos oportuno. Por eso recibía repuestas frías y cortantes de su sobrina, y eso la hacía pensar que ya no era la misma.

-Casarme con Sergio era una de mis fantasías, pero solo fue eso, una fantasía-. Y así era, ya no podía volver a soñar despierta. No hacía mucho que su vida era pacífica, sin sobresaltos, pero esa tranquilidad ya pertenecía al pasado.

Fue una semana de prueba para muchos, en especial para los niños, ya que los perros fueron retenidos y los padres no podían o no querían pagar para rescatarlos. Marcela se desesperó cuando le pidió ayuda a Sergio y él respondió que estaba muy ocupado y no podía hacer mucho. Ni él ni los empleados municipales imaginaron que hubiera tantos y que trajeran tantos problemas. Marcela fue al lugar donde los tenían y pidió verlos, pero no se lo permitieron. Desesperada, puso un aviso en el diario pidiendo a las personas rescatar a los perros, pero pocos se compadecieron y sólo algunos se salvaron. Por supuesto, los que tenían mejor aspecto, los demás fueron ignorados.

Después de cerrar el negocio, Marcela acostumbraba a caminar por las calles y si veía a un perro suelto llamaba a la puerta y aconsejaba a los dueños que no dejaran vagar a sus mascotas por las calles para evitar que se los llevaran a la perrera. Una vez, un hombre le contestó que era imposible tener encerrado a su perro, pues siempre encontraba la forma de escaparse. A otros se los veía atados y tristes en los patios, tras algún cerco o mirando por la ventana con aspecto lastimero, tanto que a Marcela le daban ganas de abrirles la puerta y dejarlos salir. Sólo fueron devueltos algunos que estaban vacunados y tenían collar de identificación. La mayoría permanecieron encerrados y simplemente, se negaron a comer y murieron de hambre. Los más audaces lograron huir de los camiones que los transportaban y por instinto o inteligencia, no se dejaron nunca más atrapar.

Marcela vivía su vida rutinaria como si todo el peso de lo que estaba pasando recayera sobre sus hombros. Después de haber esperado con ansias que Marisol diera a luz, cuando nació el bebé no se preocupó por conocerlo. Asunción le reprochó, pero ella dijo que habían muchos otros ansiosos de verlo.

-Los padres de Marisol llegaron para estar con ella, además Tomasa, Soledad y tú ya han ido a visitarla dos veces al hospital. Estoy segura que si ella hubiera adoptado a un animal nadie se hubiera preocupado por ir a conocerlo-. Las palabras de Marcela acabaron con la paciencia de su tía, quien la trató de ridícula. Marcela se sintió incomprendida y se puso a llorar.

-¿Crees que a mí no me importa lo que está pasando? Pero no hay nada que pueda hacer. A veces los humanos cometen errores y desgraciadamente muchos inocentes pagan por ello. Lo que está ocurriendo aquí y también en otros lugares, es algo que tardó tiempo en manifestarse. Por años los humanos hemos domesticado a ciertos animales. Podemos verlo en cuadros antiguos que nos muestran que el perro fue uno de los primeros en vivir en armonía con el hombre. Algunos trabajaron en el campo y aún lo hacen a la par de los pastores y otros han sido adaptados para cuidar casas o hacerles compañía a los niños y los mayores. Tú sabes que nunca quise tener un animal, no porque no me gustaran sino porque siempre he vivido muy ocupada y sé que a los perros no les gusta estar solos. Ellos necesitan atención y cariño como cualquier mortal.

Marcela no dijo nada y al otro día fue a visitar a Marisol, la encontró feliz. El bebé era como todo recién nacido, un poco arrugado y feo, pero para la madre era lo más lindo del mundo. Por un momento envidió verla tan orgullosa y contenta, pero para conformarse actúo como el zorro de la fábula que al no poder alcanzar las uvas que quería comer, dijo que no le importaba porque estaban agrias. Pensó en la enorme responsabilidad que acarreaba ser madre y se alegró de no estar en su lugar.

El bebé dormía muy confiado al lado de la madre, pero de pronto despertó y empezó a llorar de tal forma que Marcela se sorprendió de que un ser tan pequeño tuviera tanta fuerza. La enfermera entró, se lo llevó para cambiarlo y luego regresó y se lo entregó a la madre para que lo amamantara. Marcela se levantó para retirarse, pero Marisol le dijo que no tenía que irse, sin embargo ella dio un par de excusas tontas para evitar decir que creía que ese era un momento íntimo entre madre e hijo. En el negocio, a veces algunas clientas que llegaban del campo le pedían permiso para alimentar a sus pequeños y ella siempre se sentía incómoda, pese a ser un acto natural. Incluso siendo niña, le pedía a Asunción que no le permitiera a las mujeres alimentar a sus bebés en el negocio, pero su tía le explicaba que ellas llegaban en tren para hacer sus compras y pasaban todo el día de un lado a otro. Algunas tenían conocidos e iban a sus casas a pasar el día, pero siempre se detenían en el negocio porque estaba cercano a la estación. También le decía que amamantar a un niño era algo natural. En ese entonces, las mujeres del campo casi siempre llevaban un pañuelo o una tela delgada y tapaban al infante mientras comía, aunque fueron perdiendo la timidez. Quizás el contacto con la ciudad y la televisión, les dieron más seguridad. Las pilas o baterías para radios y televisores, era lo que más compraban estas mujeres en el negocio. Con los años, esos medios de comunicación se convirtieron en una buena fuente de información que terminó por transformar a los campesinos. Marcela tuvo que acostumbrarse aunque no del todo, a ver a las madres mostrar sus senos mientras alimentaban a sus pequeños. Tampoco aceptó del todo, la moda de los escotes pronunciados o la minifalda. Para ella había cierto límite y reglas que le gustaba cumplir.

Las semanas pasaron y la municipalidad quiso deshacerse del problema y entregó los perros a la Asociación Protectora de Animales. Sin embargo, allí no tenían capacidad suficiente para albergar a tantos. Durante varias semanas, los medios de comunicación mantuvieron enteradas a las personas de lo sucedido hasta que otros hechos tomaran relevancia y poco a poco, dejó de informarse sobre el asunto.

Marcela solía intercambiar opiniones con Sergio y también con Samuel, pero ambos estaban muy ocupados. Sergio con su nuevo rol de padre y Samuel con la revista. Las mujeres no dejaban de llamar a la editorial y amenazar con reabrir el juicio. Sus existencias monótonas habían recobrado el curso y empezaban a extrañar el poco tiempo de notoriedad que habían logrado mientras duró el juicio y la protesta por la detención de los perros. Así que nuevamente buscaron en Marcela al chivo expiatorio, y aseguraron que ella y Sergio tenían que ver con la pérdida de las mascotas. Además el comercial que mostraba a Sergio sugiriendo la esterilización y la importancia de la vacunación, fue interpretado como una especie de presión para que la gente acudiera a su veterinaria y así él se viera beneficiado. Las mujeres de nuevo, lograron convencer a mucha gente para que no compraran en el negocio «Las tres hermanas» o acudieran a Sergio para ayudar a sus animales. El negocio perdió más clientes y la veterinaria mantuvo a sus clientes exclusivos, quienes ni siquiera se preocuparon por lo que estaba pasando, sólo les importaba que Sergio fuera joven y fuera un buen veterinario. Eso les bastaba para cruzar la ciudad y llevarles a sus mascotas.

El negocio se mantuvo por los turistas que siguieron llegando a la ciudad. El cartel «No hay vacante» siempre estaba colgado. Pese a todo, tuvieron pérdidas y extrañaban verse ocupadas todo el tiempo. También las afectó la actitud de los pocos clientes que entraban sin otra alternativa porque los demás supermercados quedaban lejos.

Para Marcela la vida se había tornado vacía. Nunca había sido muy sociable, pero le gustaba conversar con los clientes y sentir que ellos eran parte de su vida. Tampoco hacía visitas, pues las largas horas frente al mostrador no le dejaban ganas de salir. Sólo en verano se daba gusto de ir a comer un helado o al cine. Sólo iba a un restaurante cuando las visitaba la tía de la capital porque a ella le gustaba salir a comer afuera y las llevaba a ella y a su tía, casi a la fuerza. Tampoco acostumbraban ir a la iglesia como las personas mayores del barrio. Ellas sólo compraban comidas preparadas para la cena cuando alguna estaba de cumpleaños, incluidas Tomasa y Soledad, quienes eran como parte de la familia, aunque poco sabían de la vida de ellas cuando salían del trabajo y se iban a sus hogares. El regreso de Sergio y conocer a Marisol, cambió en algo las cosas, pero con la llegada del bebé y la estadía de la madre de Marisol, ellos dejaron de visitarlas por un tiempo. Sin embargo, la madre de Marisol las visitó en más de una ocasión porque se sentía agradecida de que le hubieran ofrecido una mano amiga a su hija, pero como siempre estaban muy ocupadas, la visita era corta. Por falta de clientes, decidieron emplear más horas en el hotel. Marcela hizo lo posible para que se mantuviera lleno todo el tiempo porque no quería que sus ex-clientas se salieran con la suya y las llevaran a la ruina. El hotel siempre le había sido confiado a Soledad, quien era la encargada de mantenerlo limpio. A las otras tres mujeres les quedaron varias horas libres en el negocio, después de que las clientas dejaron de frecuentarlo. Aún así, ese no fue un motivo para que Marcela aceptara trabajar con Sergio cuando él le pidió que lo ayudara en la veterinaria y reemplazara a Marisol. En todo caso, al final no pudo negarse pues la empleada de Sergio debió ausentarse para atender a su madre enferma. Marcela aceptó de mala gana. Ya no era una niña y tampoco era igual la amistad con su antiguo compañero de juego.

Según Marcela, aquello que Sergio creyó positivo para los perros, había agravado la situación. Pocos fueron recuperados por sus dueños o adoptados por algunas almas caritativas. Desde la primera redada, varios anduvieron fugitivos y pocos lograron convertirse en mascotas. Pero el cariño ni la buena alimentación hicieron que se acostumbraran, pues deseaban caminar a su antojo y muchos se vieron amenazados por los hombres que querían devolverlos a la perrera. Algunos de los que fueron capturados y devueltos a sus dueños, después que éstos pagaron la suma establecida, no se acostumbraron a estar atados o dentro de las casas y escaparon para refugiarse en el campo, donde aprendieron a cazar toda clase de animales para alimentarse. Pero cuando descubrieron que era fácil matar ovejas, dejaron de correr tras de las liebres u otros animales. Al comienzo, los hacendados pensaron que los zorros estaban atacando sus corderos y pusieron trampas y veneno para defenderse. Pero luego descubrieron que se trataba de perros de distinta raza y tamaño, lo cual se convirtió en comidilla para los periodistas. La tranquilidad que parecía haber vuelto al barrio se transformó en caos y esa vez, todos estuvieron de acuerdo en protestar por la forma como estaban ocurriendo las cosas. Nadie parecía notar la diferencia de las calles sin los perros sueltos, pero con la noticia todos prestaron más atención. Asimismo, cuando uno de los diarios mencionó a Sergio como causante del problema, empezaron a relacionarlo de nuevo con Marcela, pues sabían que ella trabajaba ocasionalmente en la veterinaria. Bastó que una sola persona dijera algo para que el chisme empezara a divulgarse.

Marcela y Samuel empezaron a tener una amistad por correspondencia. Ambos descubrieron que se entendían mejor por escrito y estaban contentos intercambiando opiniones e ideas. El internet les permitía comunicarse sin problema, sin embargo los últimos mensajes no eran portadores de buenas nuevas. Los dos estaban pasando por un mal momento. Marcela le comentó su situación y él trató de ayudarla, pero ella presintió que le estaba ocultando algo. En los últimos meses había empezado a hacer «planes mentales» como ella llamaba a las ilusiones que se había hecho con Sergio. Pero por temor a una nueva desilusión, cada vez que abría un mensaje temía que él le dijera que ya tenía novia. En las cartas se contaban cosas como dos amigos, pero nunca nada íntimo. Pero después de la última carta, Marcela se atrevió a preguntarle a Samuel si estaba ocultándole algo y él le dijo que había llegado a la editorial una carta anónima de Correntoso, en la cual se acusaba a la revista, y en particular sus escritos, por los problemas ocasionados. Eso no le cayó bien a la revista y volvieron a preguntarle a Samuel qué clase de gente vivía allí, que parecía disfrutar protestando y ocasionando problemas. Finalmente, Samuel terminó en disputa con su jefe y estuvo a punto de perder el empleo.

A veces Marcela deseaba no ver a nadie, pero aún así salía a caminar con Mimosa. Desde hacía un tiempo había observado que su mascota se cansaba y cada vez, caminaba más lento, pero no quiso pensar que el animal estuviera poniéndose viejo. Prefirió atribuir su estado al calor que por esos días azotaba la ciudad. Decidió sentarse en un banco frente al río y se entretuvo mirando nadar a los patos. De pronto, tuvo un impulso y caminó hasta la orilla, se quitó los zapatos y entró al agua. Mimosa como no era amante del agua, tiró de la correa y Marcela tuvo que salir. Luego se entretuvo mirando a un niño que jugaba con un perro grande; le tiraba una rama al río y su mascota iba a buscarla y la traía de vuelta. Recordó que de niño, Sergio tuvo un perro parecido y se preguntó por qué no tendría uno ahora que vivía en una casa grande. De pronto, escuchó a un grupo de mujeres que se acercaba. Dos de ellas eran las que habían denunciado a Samuel. Ellas la reconocieron y se acercaron más. Marcela supuso que quizás le pedirían perdón. Una de ellas le sonrió y se detuvo para hablarle.

-Señorita Marcela, se ve muy feliz paseando a su perro, claro usted puede darse ese lujo porque tiene dinero para comprarle una correa y seguramente, un collar para protegerlo de las pulgas, y también estará vacunado.

Marcela se sintió tan mal que no supo que contestar, las mujeres siguieron caminando y hablando en voz alta para que ella escuchara. Había tanto veneno en sus palabras que sintió lástima y se alegró de haber callado porque comprobó que de lo contrario, les hubiera dado el placer de verla perder la paciencia y eso hubiera agravado las cosas. Al regresar quiso contarle a Asunción lo sucedido, pero decidió no hacerlo para evitar preocupar más a su tía. Esa noche le mandó un correo electrónico a Samuel y esperó pensando que le contestaría enseguida, pero pasaron dos horas y como no lo hizo, decidió llamarlo al teléfono que le había dado en caso de alguna emergencia. Samuel se asombró al escuchar su voz y le preguntó si tenía un problema. Ella le dijo que solamente necesitaba hablar con él y rompió la formalidad con que siempre se comunicaban. Le preguntó si ese número era de su hogar y él le dijo que era de su apartamento. Al colgar, Marcela pensó que Samuel sabía todo sobre su vida y ella ni siquiera sabía dónde vivía él. Los días siguientes, evitó caminar por las calles y cuando debió ir a algún lugar fue en automóvil o en taxi.

Nuevamente volvieron las preocupaciones y olvidó la promesa que le había hecho a Isabel de visitar a Torbellino, pero ella la llamó para recordárselo. Marcela sintió que era a ella a quien deseaba ver y se alegró de saber que tenía una amiga. Le contó que se sentía mal de verse odiada por tantas personas y más, sabiendo que la acusaban de algo que no era cierto. Isabel le dijo que las personas estaban equivocadas al culparla de algo que no había hecho y que todo era ridículo. Luego la abrazó y le dijo que ella la quería por todas las demás.

-Quizás te parezca rara la amistad entre dos personas separadas por tantos años de edad, pero no olvides que puedes confiar en mí. Cada vez que necesites comunicar tus problemas a alguien, aquí nos tienes, Torbellino y yo somos tus verdaderos amigos.

Isabel hablaba con los perros como si pudieran entenderla. En una ocasión le contó que estaba dispuesta a hacer todo lo posible para que sus mascotas se sintieran protegidas y queridas. Ella había sido un poco indiferente con el otro perro, por eso se culpaba y pensaba que tal vez el motivo por el cual se había ido a la calle era porque siempre estaba solo. A veces lo veía triste pero no se detenía a pensar que tal vez el animal deseaba su compañía. Marcela se asombró y le dijo que no entendía la razón de su aislamiento, pues no veía ningún motivo que le impidiera tener amigos; además, tenía tiempo de sobra pues nunca había trabajado y tenía dinero, aunque no era tan rica como sus antepasados. Isabel le dijo que siempre se había sentido diferente a todos y que amaba la soledad. La forma en que mataba el ocio era leyendo o yendo al cine. Para ella no había personas que estuvieran a su altura y en el fondo, ella era tímida e insegura. Nadie se le acercó en busca de amistad y tampoco ella sintió la necesidad de ofrecer la suya. Tal vez hubiera sido fácil trabar amistad durante la escuela, pero sus padres la enviaron a estudiar a Europa y allí tuvo algunas amistades pero duraron el tiempo que permaneció estudiando. Sus padres consideraban que no había ninguna persona o escuela que estuviera a la altura de su hija. Marcela le confesó que a ella también le costaba hacer amigos, pero que en su caso se debía a que siempre había estado rodeaba de tres mujeres que la querían mucho, cuatro si contaba a Verena, quien siempre las visitaba en verano. Además, siempre estaba ocupada en el negocio y eso le bastaba para ser feliz.

Desde entonces, Marcela e Isabel tuvieron muchas conversaciones donde desnudaron sus almas. Se contaron cosas que no le hubieran dicho a otra persona y así nació entre ellas una amistad que creció cada vez más. Siempre que la visitaba se llenaba de optimismo y como nunca vio a nadie en la casa de su amiga, pensó ser la única que la visitaba.

Socialmente ocurrieron muchos cambios. La barrera que separaba a las personas en clases sociales fue desapareciendo. Esos cambios tardaron en llegar a Santa Catalina y sobre todo a Correntoso, pero Isabel Arias dio el primer paso. Aunque sin tanto dinero como sus antepasados, seguía siendo la heredera de una familia de alcurnia perteneciente a los primeros pobladores de la ciudad de Santa Catalina y el barrio Correntoso. Marcela se alegró de que Isabel nunca hubiera hablado con Samuel porque quizás a ella le hubiera molestado que la historia de sus antepasados saliera en la revista. Pensaba que su historia era distinta; sus padres llegaron con dinero y no tuvieron que sufrir como los demás colonos que dejaron atrás familias, amigos. Las generaciones sucesivas de su familia nunca cerraron las puertas de su pasado. Aunque sentían mucho amor por el país donde nacieron, también lo sentían por el lugar de donde vinieron sus antepasados.

Marcela se levantó pensando que era el aniversario de Santa Catalina y se preparó para la gran feria que tenía lugar cada año en la plaza principal de Correntoso. Ese día solía ser agitado en el almacén. Cerca del mediodía, la plaza se llenaba con toda clase de gente que se reunía bajo el único objetivo de celebrar. Había puestos de comida, golosinas y ventas de banderas y globos. Debido a que la clientela no era tan numerosa como en otros años, las mujeres del almacén «Las tres hermanas», discutieron si ese año debían encargar más embutidos, masitas y todo lo necesario para preparar emparedados, comida que los más pobres consumían porque no podían comprar los platos preparados en los quioscos. Finalmente, decidieron comprar la misma cantidad porque siempre llegaba gente de todos lados y acertaron, al mediodía las alacenas quedaron desocupadas. Al final del día decidieron participar de los festejos, pero Marcela no quiso asistir porque temía que alguna de «las ofendidas», como llamaba a las mujeres que la hacían pasar un mal momento, le dijeran algo. Decidió no decirle nada a Asunción porque pensó que no era conveniente, y temió que Soledad o Tomasa al escuchar alguna indirecta, no se quedaran calladas. En el momento en que iban a cerrar el negocio aparecieron Sergio y Marisol. Habían vestido al bebé con los colores de la bandera, al igual que el cochecito. Ellos preguntaron si tardarían en cerrar y las mujeres les dijeron que ya habían vendido toda la mercancía del día. Asunción los invitó a comer y ellos se alegraron porque también les daba la oportunidad de cambiar y alimentar al bebé. Marcela preparó a Mimosa para salir y en ese momento llamó Isabel. Dijo que siempre quería participar de la feria pero que no lo hacía por no ir sola. Le preguntó a Marcela si podía ayudarla con Torbellino porque todavía tiraba de la correa y pasaba de un lado a otro. Marcela aceptó y luego les comentó a los demás que Isabel iba a esperarlos en el parque. Sergio comentó con asombro que nunca había visto a doña Isabel participar de ese día, y se sorprendió más cuando Marcela le dijo que ella no quería que la siguieran llamando «doña» porque la hacía sentirse vieja.

-¿Estás hablando de doña Isabel Arias?-. Y cuando Marcela asintió, le contó a Marisol que era una señora muy sofisticada.

En el parque habían dispuesto un escenario y cuando llegaron, algunas orquestas estaban tocando música folclórica y varias personas lucían trajes típicos. Los mayores cantaban acompañando a las orquestas. En el tren de la tarde llegaron varios campesinos que se unieron a los demás. Fue un día inolvidable para todos. Marcela vio pasar a algunas de «las ofendidas», pero éstas bajaron la cabeza y siguieron su camino. Nadie prestó mucha atención, sólo Marcela supuso que le dirían algo y se preguntó cómo reaccionaría Sergio si la ofendían, pero nada de eso pasó. Isabel olvidó la personalidad que había adoptado por años y conversó con todo aquel que se le acercó. El único que mantuvo su genio fue Torbellino y no pudieron mantenerlo callado cada vez que algo llamaba su atención. Al final, Isabel le pidió al chofer que lo llevara de vuelta a casa y todos notaron su desilusión. Marcela pensó que tal vez Isabel se había ilusionado en pasar un día hermoso junto con sus mascotas, pues ese era el día de los habitantes de la ciudad y nadie podía ser excluido. La costumbre era llevar a los animales al picnic, aunque sólo los que tenían correa segura y patente. Todos se habían dado cuenta que Torbellino estaba siendo una carga pesada para su dueña y el chofer, que estaba con su familia, se ofreció a cuidarlo, pero Isabel dijo que era mejor enviarlo a casa. Marcela pensó que el perro no se sentía cómodo entre la multitud.

-Isabel, no creo Torbellino disfrute estar entre tanta gente. No olvides que tú lo adoptaste pensando en tener un buen guardián y ha demostrado serlo, ya que por instinto no deja de ladrarle a cualquier cosa que le llame la atención. Si estuviera rodeado de mucha gente se tornaría sociable y dejaría de reaccionar. De cualquier manera, tienes mucho terreno en tu casa para que el perro disfrute haciendo ejercicio.

-Amiga siempre encuentras la respuesta adecuada a cada problema. Tienes razón, mi mascota no es la clase de perro que necesita estar bajo las faldas de su dueña. Para eso tengo a mi terrier, que a pesar de ser un perro de caza, también se adapta a vivir entre los humanos.

Todos siguieron conversando y alabando a sus mascotas. Luego le preguntaron a Marisol si ellos tenían planeado tener una y ella contestó que lo habían pensado, aunque ella nunca había tenido una. Los animales le gustaban, pero como vivió siempre en un departamento nunca fue posible tener alguno. Ella quería que su hijo tuviera todo lo que a ella le faltó, pero con su esposo decidieron esperar a que el niño fuera lo suficientemente grande para entender la responsabilidad de tener un animal y dejar que él lo escogiera. A Marisol le gustaban los gatos y Sergio prefería los perros. Ambos sonrieron pensando que tal vez al hijo le gustarían ambos. Recordaron cuando Marcela y Sergio encontraron a Mimosa. Ninguno creyó que sobreviviría debido a su estado deplorable. Pero juntos con el doctor lograron no solo salvarla, sino que la enfermedad fuera menos dolorosa. Hacía varios días que Marcela observaba a Mimosa más tranquila. Ya no corría y se negaba a recoger la pelota para hacer ejercicio. Le comentó a Sergio y ambos llegaron a la conclusión de que su edad era incierta, pero que no debían preocuparse mientras estuviera saludable. Cuando la encontraron, Mimosa no era un cachorro, pero si joven. Todos la miraron con lástima y Marisol, que siempre demostraba ser menos sentimental que el resto, dijo que tanto Asunción como Marcela debían estar satisfechas de haberle proporcionado un buen hogar y mucho cariño por tantos años.

Esa noche Marcela se acostó contenta. Había sido un día largo y lleno de felicidad. Muchas de las clientas que no habían vuelto al negocio se acercaron a saludarlas a ella y a su tía, y las dos pretendieron no sentirse heridas cuando escucharon los pretextos inverosímiles que dijeron para justificar su ausencia. Además, ya no le molestaba ver a Marisol cerca de Sergio y se convenció que siempre los unió una gran amistad. Se alegró de que fuera así, si el destino de ambos no era estar juntos. De esa manera, no había huellas de dolor o resentimiento por los sueños no realizados. Había aprendido que no siempre se logra todo lo que se desea y que el amor por Sergio para toda la vida sólo existió en su mente. En su lugar, quedaba la hermosa amistad que siempre se mantuvo. Comprobó también, que era posible amar dos o más veces, pero que el verdadero amor era el último. Estuvo pensando en eso hasta que el cansancio la venció y decidió acostarse para levantarse con la mente despejada y escribirle a Samuel una larga carta. Aunque podía llamarlo o enviarle un correo electrónico, prefirió escribirle sin importar si la tachaba de anticuada. A ella le costaba trabajo incorporarse al mundo cibernético, que aunque era práctico, rápido y facilitaba la comunicación, no dejaba lugar para saborear los sentimientos que se expresaban en una simple y bien pensada carta escrita. Tampoco iba a usar la máquina de escribir porque se había dañado y como nunca encontró un lugar donde arreglarla, tuvo que comprar un computador. La carta iba a escribirla a mano.

Sin embargo, las emociones del día no la dejaban dormir. Con Asunción habían comentado sobre algunas personas que no veían desde el año anterior. Muchas de ellas llevaban una vida tranquila y el picnic anual les suponía romper con la monotonía. Como arte de magia todos se transformaban en personas llenas de vida; cantaban a la par de las bandas y pequeñas orquestas y algunos bailaban y levantaban polvareda en el suelo terroso. Los encargados de la limpieza del parque y los jardineros, debían estar pendientes de que nadie estropeara nada, pero ese día hasta ellos y sus familias andaban sin cuidado. A Marcela nunca le gustó bailar y de niña tampoco participaba en los juegos con los demás. No le gustaba cualquier cosa que implicara contacto físico con otro ser humano. Prefería observar a las personas que siempre compartían ese día juntas, aunque no sabía el nombre de varias de ellas.

Después de tratar inútilmente de dormir, decidió levantarse y encendió el televisor. En ese momento estaban anunciando las noticias y mostraron el parque donde había sido la feria. Marcela fue a servirse un vaso de leche y se acomodó en la cama para escuchar las noticias. Mostraron a una mujer llena de ira diciendo que mientras estaba en la feria, habían entrado a su casa y se habían llevado lo poco de valor que tenía. Marcela no entendió muy bien lo que decía, pero luego escuchó cuando dijo que eso pasaba porque había tenido que permitir que a su perro lo sacrificaran pues no tuvo dinero suficiente para pagar la multa. El animal era su única protección y estaba aterrorizada de que cualquiera pudiera entrar en su casa. La mujer no era del grupo de «las ofendidas», pero Marcela comprendió que nada volvería a ser igual. Sintió como si hubiera cometido un delito y aunque creyó haber pagado la condena no dejaba de sentirse culpable. El teléfono la arrancó de sus pensamientos, era Marisol para decirle que eso se veía venir porque la policía estuvo concentrada en el parque vigilando o participando de la diversión y los malhechores aprovecharon para hacer de las suyas. Al otro día se enteraron que varias casas habían sido saqueadas. Isabel se alegró de haber enviado de vuelta a Torbellino y supuso que alguien intentó entrar a la casa porque lo encontró nervioso.

Adiós a Mimosa

Capítulo siete

Isabel decidió hacer un viaje en un crucero y le pidió a Marcela que cuidara a Torbellino. Por precaución dejó al terrier en la casa bajo el cuidado del jardinero y su familia. Le costó trabajo tomar la decisión de viajar, pero siempre soñó con visitar la tierra de sus antepasados. Durante años hizo planes, pero nunca tuvo valor para llevarlos a cabo. Marcela fue quien le dio ánimos y con su ayuda, preparó el ansiado viaje. Marcela se encargó de llevarla al aeropuerto, donde debía tomar el avión que la llevaría al puerto más cercano. Tan pronto partió, fue a recoger a Torbellino. Era imposible saber como actuaría, ya que en un segundo cambiaba su estado de ánimo; agachaba las orejas cuando estaba avergonzado de haber hecho algo mal o las levantaba como si fuera el perro más feliz de la tierra. Había crecido mucho, pero aún se comportaba como un cachorro. Por su tamaño parecía un perro adulto y se veía ridículo actuando como lo que era: un perro de menos de un año. Marcela lo puso en el asiento de atrás y mientras el automóvil estuvo en marcha, el perro se movió de una ventana a otra como si no quisiera perderse ningún detalle de lo que pasaba en la calle.

Esa noche, mientras Marcela se preparaba para acostarse, notó que tanto Torbellino como Mimosa estaban nerviosos. Se sentaron frente a la puerta y Marcela se rió de ellos y les ordenó acostarse. A Asunción no le gustó que llevara a Torbellino a la habitación porque le parecía antihigiénico permitir que un perro grande durmiera en el mismo cuarto que una persona. Su sobrina le explicó que Torbellino aún era irresponsable y no se sentía segura dejándolo vagar por la casa. Al final, Asunción decidió irse a dormir. Marcela apagó la luz y los observó. Los dos parecían estar escuchando atentamente. De pronto, empezaron a ladrar y ella se asustó. Los ladridos anunciaban que alguien se acercaba a la casa. Se levantó pensando que tal vez algún turista había llegado para pedir alojamiento y abrió la puerta. Los dos perros salieron corriendo y se dirigieron a la puerta que daba al negocio. Al abrirla, Marcela vio que las llamas incendiaban todo. Asunción acudió al escuchar los gritos de su sobrina pidiendo llamar a los bomberos. Las dos salieron por la puerta trasera en ropa de dormir y seguidas por los dos perros. Marcela llamó por celular a Sergio y entre tanto, los vecinos empezaron a llegar y al rato, los bomberos. La vieja casa no cedió a las llamas y el fuego hizo estragos solo en la mercancía. Sergio llegó y todos hicieron preguntas a las dos mujeres. Los perros fueron atados a un árbol, pues estaban inquietos y ladraban a todo el mundo, hasta Mimosa parecía una perra agresiva y nerviosa. Al final, todos se tranquilizaron. La policía encontró rastros de querosene y calmó a las mujeres diciéndoles que afortunadamente los atacantes no habían utilizado nafta u otra sustancia más explosiva y que definitivamente, el incendio había sido provocado. Como los policías no eran del barrio, no estaban enterados de la batalla que estaba librando un grupo de fanáticas contra las dueñas del almacén y los Ayala. Supusieron que el incendio había sido ocasionado por alguien inexperto, pues de lo contrario hubiera sido mayor. Sergio y Asunción se miraron e inmediatamente, él salió corriendo hacia su casa, pues pensó que seguramente para «las ofendidas» él era el principal enemigo. Sin embargo, al llegar vio que no se habían atrevido a ir a su casa, quizás porque contaba con una buena alarma.

Cuando todos se fueron, Asunción y Marcela se sentaron a platicar en la cocina en compañía de algunas vecinas, atraídas más por la curiosidad que por el deseo de ayudar. La situación se había tornado difícil y las personas más viejas comentaban que nunca habían vivido algo semejante. Siempre habían ocurrido algunos robos, pero el ladrón o los ladrones eran llevados a la cárcel. Sin embargo, en ese momento la policía parecía haber perdido autoridad y respeto. Ya nadie les temía y algunos discutían que no era su culpa, sino de quienes mandaban, pero era complicado identificarlos porque en el mundo complejo en que vivían muchos tenían poder. Las personas mayores se negaron a aceptar ese tipo de cosas tan distintas a las de su niñez y juventud. Añoraban un pasado que nunca iban a recobrar.

-Los que siempre pagan las consecuencias son los más pobres-. Repitieron algunas mujeres y Marcela se preguntó si ellas pertenecían al famoso grupo. No tenían aspecto humilde, vestían bien y su lenguaje era refinado. Tal vez eran una de las tantas pobladoras antiguas, venidas a menos que como Isabel Arias, seguían añorando el lujo y la vida fácil con que se habían criado.

- Las leyes tratando de ser justas, olvidan que en una democracia los derechos de un ciudadano terminan donde empiezan los del otro. Todos dicen tener derecho a portar un arma para defenderse, algo ridículo. La única forma de tener un revolver es si el dueño lo lleva en la cintura todo el tiempo como los vaqueros de las películas. Un arma en un cajón de un mueble no sirve para nada hasta que el ladrón o el asesino tienen tiempo de disparar con ella-. Dijo una mujer y miró a la tía y la sobrina a la espera de un gesto de aprobación, pero como no advirtió ninguna señal prosiguió.
—En nuestro barrio se cree que la única forma de impedirle a un malhechor entrar en una casa es teniendo un perro. Un buen guardián pone sobre aviso a cualquiera y nadie se atreve a traspasar el umbral de una casa protegida. Pero a los pobres de Santa Catalina el derecho de tener un perro les ha sido negado. No por las leyes, sino porque muchos no tienen dinero para pagar lo que la ley requiere. Para otros el problema es que hay muchas personas sin trabajo. Yo culpo al progreso. Antes se vivía mejor en este mundo. La máquina terminó reemplazado al hombre, haciendo el trabajo de muchos con menos gastos y más rapidez. Hay quienes opinan que el hombre se ha vuelto ambicioso. Si tiene una fábrica o un

negocio no está conforme y quiere más. Además, los medios de comunicación dan mensajes equivocados. Los comerciales o películas no tienen éxito sino muestran personas exigiendo algo; todos quieren imponer sus ideas sin detenerse a pensar si están o no en lo correcto.

-Las películas no tienen éxito si no muestran objetos explotando por el aire. Y la gente vive con los ojos clavados en la pantalla, sobre todo cuando muestran películas de terror. Hemos visto tantas escenas de violencia que estamos inmunes al dolor. Eso se veía venir desde el comienzo del cine. En la actualidad se premia a los malhechores-. Agregó otra e hizo una pausa. Como nadie se opuso tampoco a lo que estaba diciendo continúo.-Y ni hablar del sexo, que es parte de la vida y para muchos, algo íntimo que tiene su magia cuando es privado y se muestra hasta cierto punto para dejar mucho a la imaginación. Pero también se rompió la barrera de lo puritano y la gente ha empezado a verlo como parte de la naturaleza humana y se acostumbró a que todo se muestre en los medios de comunicación. Eso le ha abierto una ventana a la juventud y es fácil perturbarles la mente con cosas para las cuales no están preparados. En las escuelas, la introducción del computador ha facilitado el aprendizaje, pero no todos lo han utilizado como un beneficio educativo. Muchos niños han encontrado la forma de saciar su curiosidad abriendo sitios destinados para adultos y eso sin contar a algunos depravados que hacen parte de ese mundo. Además, todo lo que podría verse como prohibido dejó de serlo.

En el afán de hacerse escuchar, quien tomaba la palabra no dejaba espacio para recibir una repuesta. Cuando la mujer se cansó de hablar, miró a las dueñas de la casa y como éstas seguían en silencio, se calló un instante y eso bastó para que otra aprovechara y tomara la palabra.

-También se puede culpar la ambición desmedida del hombre como la causante de que en los hogares nadie espere a los niños al regresar de la escuela, ni una madre o una abuela porque la mujer abandonó el rol de ama de casa. Algunas por necesidad y otras porque la vida les ha impuesto el deber de ser proveedoras del sustento familiar. Algunas también porque desean salir de la rutina de la casa y trabajar. No hay nada de malo en eso, sólo que el cambio ha sido tan repentino que no han tenido tiempo de buscar a alguien que tome el lugar de la madre mientras ellas están ausentes del hogar. También es el tiempo de los divorcios que dejan a muchas madres haciendo ambos roles a la vez.

Algunos hombres viendo que la mujer es capaz de todo, dejan de sentir remordimiento y se lavan las manos frente a su papel de proveedores-. La mujer también miró a los demás que la dejaban hablar sin interrumpirla y de pronto se dio cuenta que no tenía un público al cual impresionar. Todos la conocían por sus sermones en la iglesia, pero esa noche estaban cansados y sabían que no tenían que aguantarla. La mujer entonces, viendo que nadie iba a desafiarla se levantó y despidió, seguida de las que habían llegado con ella.

Tía y sobrina respiraron aliviadas al quedare libres de la presencia de esas mujeres. Comentaron que probablemente el único motivo que las llevó a estar allí era porque todos sabían que estaban muy comprometidas con la iglesia, las obras de caridad y siempre dispuestas a ayudar. Pero tía y sobrina aunque no lo expresaron abiertamente, les dieron a entender con sus gestos que no estaban a gusto. Marcela pensó que todo lo que dijeron era un poco la forma en que ella veía las cosas, pero también sospechó que ellas la creían culpable de que la gente pobre no pudiera tener un animal. Esa noche, Marcela constató la complejidad de la situación y la dificultad de saber qué hacer en los casos en que lo justo, dejaba de serlo. Creyó que en el fondo debía pensar como su tía, quien siempre repetía que solo las personas con recursos suficientes podían poseer un perro. Pero Marcela pensaba que si la persona podía darle cariño y comida al animal, eso era mejor que sacrificarlos como estaba ocurriendo en Santa Catalina. Para ella nadie tenía derecho de quitarle la vida a otro. Y no dejaba de pensar que la ciudad había actuado apresuradamente al ordenar llevarse a cuanto perro encontraba en la calle. Si se hubiera educado a las personas para que le enseñaran a sus mascotas a no permanecer todo el día en la calle, muchas se hubieran salvado. A varios les molestaba caminar cerca de un animal desconocido sin saber si era agresivo o no. Los pensamientos de Marcela se confundieron al recordar lo dicho por algunas personas que visitaron el negocio y que fueron mordidas y eso les acarreó problemas. Las preguntas que se hizo tantas veces volvieron a su mente y notó que su tía tenía razón, ella no podía hacer nada, sólo esperar a que surgiera una solución.

Al día siguiente, tía y sobrina fueron despertadas por Soledad quien llegó a trabajar y encontró parte del lugar de su trabajo hecho cenizas. Temió que todo hubiera sido víctima de las llamas, pero con alegría encontró que al resto de la casa no le ocurrió nada. Soledad les reprochó a ambas por no haberla llamado.

-Gracias a la ayuda de muchos, logramos tapar las ventanas y las puertas para que nadie entrara a llevarse lo poco que quedó del almacén.

Después llegó Tomasa y todas se sentaron a opinar sobre lo ocurrido. Concluyeron que alguien no las quería en el lugar. La forma en que habían provocado el fuego daba a entender que querían asustarlas y pensaron que también Sergio corría peligro y lo llamaron. Él les aseguró que no creía que pudieran hacerle nada. Su sospecha era que el problema lo estaba causando alguna persona que no estaba en sus cabales y que era un poco cobarde y por eso molestaba especialmente a Marcela, a sabiendas de que ella y su tía vivían solas. Estaba casi seguro que todo había sido obra de las dos mujeres que se habían empeñado en complicarles la vida. No se las imaginaba prendiendo el fuego, pero si dejando ideas equivocadas en alguna mente distorsionada debido a su empecinamiento y lengua ligera. En una ocasión, Marisol opinó que estaban actuando como unas enfermas mentales, y que tal vez tratarían de hacerles algo peor. Hasta entonces se habían visto amenazadas por un grupo pequeño de mujeres que no pasaba de provocarlas si las veían en la calle, aunque las habían perjudicado en lo que más querían y les daba el sustento para vivir, el negocio, el cual era como una especie de legado de sus antepasados. Si sólo trataron de hacerlas pasar un mal momento habían logrado su cometido, aunque a medias. Si la intención era causar daño, aún quedaba mucho por ver.

Tomasa y Soledad querían saber si volverían a trabajar, pero ninguna se animó a preguntar. Gran parte del día permanecieron juntas, a la espera de que Asunción diera la orden de empezar a limpiar y abrir de nuevo, pero como no oyeron lo que esperaban fueron a tomar el ómnibus y comentaron sobre la tragedia. Al despedirse las dos coincidieron que sin el trabajo se sentían perdidas. Ambas eran demasiado viejas y trabajaron durante muchos años para Asunción y no querían empezar de nuevo en otro lugar. Nadie iba a contratarlas a esa edad, pese a tener las mejores recomendaciones del mundo.

Esa noche, tía y sobrina decidieron limpiar el negocio. Lo más urgente era poner ventanas nuevas y tirar toda la mercancía que el fuego arruinó. Agradecieron a Dios que afortunadamente no tenían tanta mercancía acumulada.

Planearon también, visitar a Verena y permanecer con ella durante un buen tiempo porque ya no tenían urgencia de abrir el negocio, debido a la pérdida de clientela. Volverían en verano, durante la temporada de turismo, para abrir el hotel que era el que les proporcionaba ganancias. Llamaron a Verena y la pusieron al tanto de los acontecimientos. Luego Marcela pensó en llamar a Samuel, ya que él se había convertido en su confidente, pero estaba tan cansada que decidió dejarlo para el día siguiente. Cuando se acostó tuvo miedo y pensó que si alguien volvía a prender fuego no se enteraría porque el olor a humo aún permanecía en su habitación. Por precaución, dejó la puerta abierta. Al despertar no vio a Torbellino en la habitación y saltó de la cama a buscarlo. Lo encontró durmiendo frente a la puerta que daba al negocio y se sintió segura. Pensó que le iba a costar mucho trabajo convencer a su tía de que necesitaban un perro más grande para que las protegiera.

Sin ser llamadas, Soledad y Tomasa llegaron a la hora de siempre. Asunción las invitó a tomar un café y les comentó sus planes. Abrirían por un corto período el negocio hasta vender algunas mercancías perecederas, luego se irían a la capital y regresarían a preparar el hotel para la llegada de los turistas. Las dos se alegraron y ofrecieron quedarse en la casa mientras ellas estuvieran lejos. Asunción les dijo que no hacía falta, pues nunca habían dejado a nadie, pero Marcela le recordó que todo estaba cambiando y le pidió que las dejara quedarse.

-No quiero molestarlas-. Pero las dos insistieron en que cuidarían la casa con cariño.

-Hemos trabajado para ustedes por mucho tiempo, no somos extrañas-. Asunción se emocionó y las tres se abrazaron conmovidas, Marcela se unió a ellas. Torbellino no entendió lo que estaba pasando, les ladró y todas terminaron riendo.

Tardaron varios días en reacondicionar el negocio y el día en que lo abrieron llegaron bastantes clientes. La televisión les dedicó un espacio y eso atrajo más clientela.

-Justo ahora que no tenemos surtido, han venido muchas personas nuevas. Creo que la persona que tiene que ver con el incendio, debe estar mordiéndose los labios de rabia. Si quería hacernos un mal ocurrió todo lo contrario-, dijo Asunción y todas al escucharla rieron contentas.

Sin embargo, Marcela estaba preocupada. Trataron de averiguar el motivo por el cual andaba en las nubes, pero no lograron arrancarle palabra. Asunción suponía que tenía que ver con Samuel porque sólo cuando se trataba de él, ella dejaba de hacerle confidencias. Recordó que a veces la veía hablar con Marisol y al verlas juntas pensaba que ese lazo de amistad y compañerismo era como el que había existido entre ellas antes de que Samuel llegara a sus vidas. Decidió entonces llamar a Marisol y le dolió enterarse por una tercera persona de que Marcela había telefoneado a la oficina de Samuel y le habían dicho que ya no trabajaba ahí. Llamó a Verena y ella también le dijo que Marcela le había preguntado por él, pero ella le había dicho que también estaba sorprendida porque últimamente no la visitaba. Asunción de nuevo se sintió dolida de que su sobrina no hubiera sido su confidente, pero decidió tragarse la amargura y hablar con ella esa noche. Al comienzo Marcela se sintió molesta, pero luego viendo la angustia de su tía, le dijo que estaba preocupada por no tener noticias de Samuel. Asunción le preguntó si ella tenía el número de un teléfono particular y Marcela le dijo que tenía el de su departamento, pero que había dejado un mensaje y él no lo había contestado. Antes de irse a dormir, Asunción le preguntó si iba a intentar de nuevo y ella le contestó que esperaría a tranquilizarse para llamarlo.

-Últimamente nos han pasado tantas cosas, que tengo miedo de que la línea del teléfono esté cortada o qué se yo. Cuando llame te contaré.

A Marcela le costó trabajo decidirse a llamar. Miraba el número una y otra vez y las ideas más descabelladas cruzaban por su mente. Hasta temió que estuviera casado y contestara su esposa. Al final juntó valor y llamó. Casi no reconoció la voz al otro lado de la línea, a él le pasó lo mismo. La sorpresa de Samuel se tornó en alegría y ella respiró aliviada. Los dos dijeron tener mucho para contar y decidieron hacerlo por internet.

Al día siguiente, lo primero que hizo Asunción fue averiguar si Marcela había llamado y si se sintió más tranquila al saber que él estaba bien.

Ese día estuvieron muy ocupadas y Marcela temió que su tía no quisiera ir a la capital debido a que las ventas estaban creciendo. A la hora del almuerzo, Asunción dijo que debían proveerse de mercancía.

-¿Qué pasará cuando vayamos a la capital?-, le preguntó Marcela.

- Compraremos productos de estación y lo demás, como siempre, sólo lo necesario.

Marcela respiró aliviada. Soñaba con visitar a su tía y algo le decía que Samuel le propondría matrimonio. Aún tenía la mente de una adolescente. De golpe, con la muerte de su madre había dejado de ser una niña mimada para convertirse en una persona adulta. Siempre pensó que Asunción había sido demasiado buena al traerla consigo. Nunca tomó el lugar de su madre, pero sí el de una tía que la cuidaba y guiaba siempre por el buen camino. De niña tuvo amigas que a veces se comportaban con soberbia y sólo algunas realmente apreciaban tener a sus padres junto a ellas. En ocasiones Marcela se los hacía notar, pero ellas creían tener derecho a reclamar y no dar nada a cambio. Ella en cambio, no quería ser desagradecida. Se había propuesto tener una vida regida por derechos y leyes que le evitaran meterse en problemas. A temprana edad supo que era fácil cometer errores de los cuales podría arrepentirse. Aún viviendo en una época en que los adolescentes hablaban de sexo como algo natural, igual que comprarse un par de zapatos, a ella la sola idea de mencionarlo la hacía ruborizar. Sabía que el tema en la generación anterior a la suya, era prohibido y para ella, algo muy íntimo, sólo para personas casadas. También pensaba que aunque esperaba estar segura de sus sentimientos, sería difícil encontrar a alguien que pensara como ella. Además, temía que al enamorarse pudiera cambiar de opinión. Pero se había propuesto esperar hasta la bendición frente al altar, aunque no se consideraba muy religiosa. También trataba de estar un poco alejada de los muchachos para evitar tentaciones. El único que había despertado en ella ciertas inquietudes era Sergio, pero él nunca dejó de tratarla como a una hermana y por eso no tuvo la oportunidad de dejar aflorar sus sentimientos o ir más allá. A veces, cuando sus amigas se vanagloriaban contando sobre sus primeras experiencias con muchachos, ella deseaba hablarles sobre sus ilusiones con Sergio pero sabía que se burlarían si les decía la verdad. Prefería entonces que pensaran que ningún hombre se había interesado en ella, aunque algunos se acercaron pero ella los evadió diciendo que sólo podía ofrecerles una amistad o un amor platónico hasta estar segura de que pudiera convertirse en algo más. Sin embargo, ninguno quiso darle la oportunidad de esperar, todos parecían ansiosos de probar eso que aunque empezaba a verse como natural, aún se mencionaba en voz baja.

Al recordar esa parte de su pasado, a veces se preguntaba qué pasaría si Samuel volvía a decirle que estaba enamorándose de ella o que la amaba. Desde el día en que ella lo corrió del hotel, él empezó a tratarla como Sergio y por eso pensó que en su vida nunca habría lugar para nada parecido a las telenovelas y que siempre sería para los hombres una conocida con quien les gustaba hablar. Pero tampoco quería verse como una de las tantas mujeres que terminaban acostándose con varios hombres antes de ir al altar. Ella veía que muchas de las nuevas parejas ya no querían casarse por la iglesia o de civil. A ella le hubiera gustado vivir en el tiempo de sus abuelos cuando todo parecía más fácil. Se imaginaba esos tiempos en que los padres elegían al futuro esposo de sus hijas y veía a Asunción tomando el lugar de los suyos y eligiendo a un hombre a quien ella no quería. Siempre le gustaba pensar lo peor y torturarse porque si todo salía mal, ya había sufrido por anticipado y tendría fuerzas para tolerar todo lo malo que el destino le tuviera preparado. Aún más, lamentaba no haber nacido una generación antes porque así, Asunción habría elegido a Sergio y ya estaría casada, con hijos, y su vida hubiera sido menos complicada. Para ella la independencia de la mujer traía un sin fin de deberes y problemas que dificultaban el camino.

Tardó dos días en enviarle el correo electrónico a Samuel y le costó decidir qué decir. De pronto, sintió que era como escribirle una carta y le vinieron a la memoria las palabras de una profesora de castellano, quien le dijo alguna vez que una carta era una conversación por escrito. Poco a poco empezó a imaginar que estaba frente a él y le contó lo ocurrido en los últimos días. Hizo varias correcciones para evitar mostrarse muy abierta, pues entre ellos siempre había existido cierto formalismo. Sin embargo se moría por hacerle saber lo que sentía y temía no tener el coraje de sincerarse antes de que terminara casándose con otra, al igual que Sergio. Sabía que no era fácil encontrar a alguien que la aceptara con sus viejas costumbres e ideas de celibato. Si lo perdía se convertiría en una solterona como su tía y su vida sería igual a la de ella o Isabel, que vivían como en la época de sus padres y abuelos. Tal vez ellas esperaron a que algún hombre diera el primer paso.

Samuel tardó unos días en contestar. Le dijo que había encontrado un nuevo trabajo y que estaba tratando de adaptarse a los cambios que estaban produciéndose en su vida. Le pidió perdón por la falta de tiempo para escribirle y le prometió enviarle un correo electrónico más largo en pocos días.

Durante varios días, las cuatro mujeres trabajaron sin descanso en el negocio. Todo volvió a ser como antes. Las clientas de todos los días y las que iban de vez en cuando, volvieron a mostrarse amigables y a veces parecía que sólo frecuentaban el negocio para conversar, convirtiéndose en un lugar de encuentro. A veces preguntaban por algo que no había y las cuatro mujeres se miraban y pretendían no darse cuenta que el motivo de su presencia no era comprar sino encontrar a alguien con quien platicar. Pero eso no duró mucho tiempo, pues volvió la manzana de la discordia.

La mañana comenzó normal. Primero llegaron las clientas que compraban el pan porque sabían que el panadero lo traía temprano, recién horneado, y que a veces se vendía demasiado rápido y eso significaba tener que ir a otra panadería donde no siempre era fresco. Pero al mediodía, entraron «las ofendidas», las dos mujeres que habían provocado tanto escándalo y daño. Iba una seguida de la otra, no saludaron y por unos minutos disimularon mirar la mercancía. En la mente de las cuatro mujeres circularon los mismos pensamientos y se preguntaron por qué estaban ahí. Sospechaban que tenían algo que ver con el incendio y estaban seguras que eran las culpables de la pérdida de clientela. Imaginaban que no estaban para comprar algo, pero no tuvieron que esperar mucho para enterarse del motivo.

-Mira- le dijo una a la otra -, debemos decirle a nuestros vecinos donde pueden comprar comida para perro-. Y mirando a Marcela a los ojos le dijeron a quemarropa. -Parece ser que nuestros vecinos recuperaron una perra que se escapó cuando la perrera trató de apresarla. La encontraron unos hombres que trabajaban en la hacienda del señor Sandoval. La perra escapó, pero después volvió preñada y tuvo seis cachorros. El señor Sandoval la buscó por todos lados porque sabía que los cachorros eran descendientes de uno de sus perros, un ovejero alemán. Él asegura que la perra es de raza cazadora y que los cachorros serán diestros para el campo. Les ha prometido a nuestros vecinos pagar las vacunas y todo lo necesario. Ya ve, los perros volverán a nuestro barrio y como usted verá nuevamente será «La ciudad de los perros» como usted la llamaba.

Al decir esto, la mujer que estaba hablando se volvió hacia Asunción y le dijo que sentía no haber encontrado nada de lo que buscaba y salió seguida por la otra mujer. Todas quedaron en silencio y sintieron que algún problema se avecinaba.

No tardaron en notar que los nuevos clientes que habían empezado a frecuentar el negocio, atraídos por la calidad y atención del servicio, dejaron de ir. El negocio estaba surtido y cuando un cliente no encontraba algún producto, se ordenaba de inmediato. Pero todo lo bueno quedó olvidado con las pocas palabras de un grupo de mujeres ociosas. Asunción, Marcela y las otras mujeres nunca escucharon lo que se dijo, pero sabían que sin mucho esfuerzo, las malas lenguas podían convertir el lugar en un infierno. Como Asunción casi no salía a la calle, en especial en invierno, quien tuvo que afrontar las indirectas fue Marcela cuando sacaba a Mimosa. Las mujeres se ponían más agresivas al verla llevar a Mimosa de la correa y le reprochaban, que seguramente, pagaba mucho para estar al día con los requisitos que implicaba tener un perro. La culpaban de que sólo los que tenían dinero podían darse el lujo de pasear a sus mascotas. Como en el barrio todo se sabía, ellas estaban enteradas de que Marcela pagaba bastante dinero debido a que Mimosa siempre estaba enferma. Un día llegaron al extremo de enfrentarla y Marcela perdió la paciencia. Les contestó que justo ellas, que nunca habían tenido un animal, eran quienes estaban haciéndole la vida imposible a ella y a su tía. Además ellas, que siempre sacaban en cara a los pobres, ni siquiera tenían esa condición.

-Por qué no ocupan su tiempo en algo más productivo en vez de calumniarnos por algo en lo que no tenemos nada que ver-. También les preguntó si no creían que ya habían hecho bastante daño provocándoles pérdidas materiales y dejando sin trabajo a Samuel.

-Se lo mereció por lengua larga-, le dijeron y se alejaron maldiciéndola en voz alta.

Marcela trató de calmarse antes de entrar a la casa. Había evitado contarle a Asunción lo que ocurría cada vez que salía a la calle, pero esta vez, le dijo todo temblando.

-Ellas saben la hora en que sales a caminar. Es mejor que tengas cuidado. Esas mujeres están poniéndose peligrosas, evita encontrarte con ellas.

Marcela tuvo miedo y durante varias semanas cambió de ruta cada vez que salía. A Mimosa no le gustaron los cambios y Marcela pensó en lo complejo que era analizar la mente de los animales. El horario de salida era en las mañanas, antes de trabajar, y en las noches, después de la cena. Por la mañana no había problema, Mimosa esperaba a su dueña y la seguía por todos lados hasta que ella tomaba la correa lista para salir. En la noche en cambio, Marcela debía sacarla casi arrastrada. Mientras estuvo Torbellino salían mas temprano porque era imposible llevarlos juntos y ese horario parecía no molestarle a Mimosa, pero en la noche se echaba al suelo y salía de mal humor. Caminaba pocas cuadras y enseguida quería devolverse. A Torbellino el horario no le importaba y siempre había que frenarlo porque terminaba enredándose con la correa, y más de una vez, estuvo a punto de tirar a Marcela al suelo. Cuando Isabel regresó, enseguida lo llevó con ella. Marcela sólo le contó los momentos felices que pasaron para evitar preocupar a Isabel, quien le dijo que se había sentido tranquila de haber dejado a su perro en buena compañía. Con la partida de Torbellino, la casa se sintió vacía.

Tía y sobrina se sentaron a platicar, disfrutando que nadie las interrumpiera. Asunción le hizo saber que estaba preocupada de que la situación volviera a repetirse y decidieron aplazar el viaje a casa de Verena por un mes más. El reloj le recordó a Marcela que debía sacar a Mimosa. La mascota parecía haberse convertido en un animal fuerte y tiraba de la correa con la misma fuerza que Torbellino. Al verla tan contenta y llena de vida, Marcela la dejó elegir el camino, pero de pronto notó que estaban internándose donde tiempo atrás, había muchos perros y observó que de nuevo estaban multiplicándose. Quiso regresar, pero prefirió investigar y siguió adelante. No estaba soñando, en todos lo patios había uno o dos perros atados o dentro de un cerco, y la mayoría eran grandes. No se veían contentos, algunos estaban desnutridos y lucían nerviosos, ella lo atribuyó al hecho de estar atados. No eran tantos como cuando llamaron la atención de Samuel, quien entonces comentó nunca haber visto tantos en la calle. No estaban sueltos ni andaban por las calles, lo que la hacia pensar que sus dueños habían acatado a las leyes. Los que no estaban atados ladraban y corrían furiosos cuando Marcela pasaba frente a las casas. Marcela se preguntó qué pasaría si uno de ellos lograba escapar. La idea de verse atacada la hizo temblar. Mimosa no parecía molesta, a pesar de que los ladridos amenazadores iban dirigidos hacia ella. Marcela creyó prudente regresar ya que el barrio estaba llegando a su fin y quizás en las casas que estaban fuera de la ciudad, los perros andaban sueltos. Al regresar, decidió cambiar de ruta pero de pronto un portón se abrió y algo similar a una bola de pelos se abalanzó sobre Mimosa. Ella trató de protegerla y la levantó en brazos, pero el perro saltó y la alcanzó para morderla. Nadie salió de la casa a pesar de sus gritos desesperados y los aullidos de dolor de su mascota. Sólo un taxi se detuvo. El chofer bajó y le arrojó una piedra al perro y éste salió aullando de dolor. Marcela quiso entrar al patio, pero la puerta estaba cerrada. Entonces, subió con

Mimosa al taxi y pidió que la llevaran a la veterinaria de Sergio. Al llegar, entró desesperada y el taxista le explicó a la secretaria lo sucedido. Sergio salió y casi tuvo que arrancarle el animal de los brazos. Marcela tuvo un ataque de histeria y le pidió al taxista que la llevara a la casa. A Sergio le costó trabajo convencerla de que Mimosa estaba muerta y le pidió que la dejara hasta el otro día para decidir qué hacer.

-Te llamaré tan pronto termine con mis pacientes, tranquilízate y no te preocupes.

El taxista la sostuvo y la llevó al taxi. En el camino trató de consolarla diciéndole que era mejor que hubiera muerto repentinamente. Él había visto perros pequeños que habían sido mordidos y que sufrían una agonía terrible. Al llegar, la ayudó a bajar y notó que ella tenía sangre en el brazo. Se ofreció a llevarla al hospital, pero antes timbró y salió Asunción. Trató de explicarle lo mejor posible lo sucedido y le dijo que llevaría a la muchacha al hospital. Marcela no dijo una palabra en todo el viaje. Sólo se escuchaba la voz del hombre tratando de explicar los hechos. En la sala de emergencias se enteraron que la mordedura no era profunda, pero por precaución le pusieron las vacunas necesarias. La policía llegó y la interrogó. Marcela repitió una y otra vez que a ella creía que alguien abrió la puerta para que el perro la atacara. La policía dijo reconocerla y recordar el juicio en el cual ella estuvo involucrada. A Asunción le pareció que la forma en que el policía estaba actuando era como si Marcela fuera la agresora y no la agredida. Después del interrogatorio, le dijeron que debía volver al otro día para presentar la denuncia.

-Por eso vinimos aquí y no veo por qué debemos volver mañana.

-No creo que la señorita esté en condiciones de hacerlo ahora.

De regreso a la casa el taxista dijo que la recogería al día siguiente, pues en la comisaría trabajaba su cuñado y hablaría con él esa misma noche. Asunción lo invitó a pasar, pero él se disculpó diciendo que tenía que llevar a alguien al aeropuerto. Asunción hizo entonces un gesto de ir por el dinero para pagarle, pero él dijo que mejor al otro día. Cuando ya se disponía a salir, Marcela le preguntó su nombre y el respondió: «Julio Ramírez» y se alejó apurado.

Marisol y Sergio no tardaron en llegar. Todos estuvieron de acuerdo en enterrar a Mimosa en el cementerio de mascotas. Marcela no tuvo que repetir lo sucedido porque Asunción como había escuchado la historia varias veces en la comisaría, les contó a los recién llegados. Al mismo tiempo, trató de convencer a su sobrina de ir a la cama porque la veía cansada. Marcela obedeció, aunque trató de recordar lo sucedido no logró hacerlo, pero finalmente se durmió.

Al despertar no recordó lo que había soñado, pero supuso que era algo agradable porque despertó contenta. Sin embargo, cuando miró a su alrededor y no vio a Mimosa, vino a su memoria la odisea del día anterior y pensó que nada habría pasado si ella no hubiera dejado a su mascota elegir el recorrido. Se levantó tan amargada que hubiera querido seguir durmiendo, pero recordó que Sergio le prometió volver para decidir qué hacer con Mimosa. Nunca imaginó que algo así tendría lugar en su vida. Después de ducharse y vestirse, fue a la cocina, allí la esperaba el matrimonio con el bebé. Marcela lo abrazó esperando que ese gesto de cariño la hiciera sentir mejor. Ambos la miraron y ella quiso saber qué debía hacer en un caso así. Sergio le dijo que se había tomado la libertad de adelantar los trámites necesarios para sepultarla y ella le agradeció.

-Sólo debes elegir el ataúd y si quieres incinerarla hay otros trámites.

La idea de quemarla le pareció grotesca. En una ocasión habían conversado con Asunción al respecto, pero desde el día anterior todo parecía incomprensible. Ellas nunca habían hecho planes en cuanto a sus mascotas. El cementerio para perros era algo novedoso en Santa Catalina y a la mayoría de sus habitantes le parecía descabellado, ya que una mascota no dejaba de ser un animal y por tanto, no tenían los mismos derechos que sus dueños; los aceptaban en la casa pero no recibían el mismo trato que un ser humano. La pareja decidió tomar el desayuno y marcharse porque Sergio debía atender a algunos clientes antes del mediodía.

Tomasa y Soledad llegaron juntas, querían acompañarlas porque ya estaban enteradas de lo ocurrido. Marcela apenas bebió una taza de café y decidió cambiarse la ropa por algo más cómodo. Cuando desapareció de la vista de todos, hicieron comentarios y preguntas que no se animaron a hacer frente a ella. Tomasa no pudo dejar de comentar que a la muchacha todo le salía mal últimamente. Nadie dijo nada. Julio Ramírez llegó a la hora acordada y salieron rumbo a la veterinaria. Sergio ya había puesto a Mimosa en un ataúd blanco y a Marcela le pareció perfecto. Sergio le preguntó si quería verla por última vez y ella aceptó. Tuvo ganas de llorar pero Marisol le aconsejó recordar los momentos felices. Lo primero que vino a su memoria fue el día en que la encontraron. Le comentó a Sergio y juntos volvieron a contarle a Marisol la aventura de aquel día. Luego todos salieron tristes hacia el cementerio.

Mario

Capítulo ocho

Samuel había encontrado empleo en uno de los periódicos de más tiraje en la capital. Cada día enfrentaba un nuevo reto en su trabajo y al final del día llegaba cansado a su departamento, pero contento porque siempre aprendía algo nuevo. Lo primero que hizo al entrar al departamento fue ver si tenía algún mensaje, pero comprobó con tristeza que no estaba el remitente que quería. Luego, ordenó una cena liviana y se preparó para terminar una tarea pendiente, pero como no pudo concentrarse, salió a caminar. Sus pasos lo llevaron a la casa de Verena, pero no la encontró. Desilusionado volvió al departamento y decidió enviarle un correo electrónico a Marcela donde le repitió que extrañaba sus mensajes y no entendía por qué no se comunicaba con él. Al releerlo pensó que se tornaba ridículo y lo borró. Nunca había logrado entenderla. Cada día más comprobaba que actuaba como una niña caprichosa, pero no podía olvidar los días en que creyó ver un rayo de luz en sus ojos, lo cual le hizo pensar que sentía algo por él. Pero ese pequeño fragmento de recuerdo se desvaneció rápido en contraste con la vez en que lo echó del hotel. Se dijo entonces, que jamás volvería a decirle que la amaba. No tenía certeza si le había dicho que se había arrepentido cuando cayó en cuenta que con sólo retirar la denuncia contra el perro de Isabel, hubiera podido salvarle la vida al animal. Enseguida pensó en las veces en que ella había demostrado sentir más tristeza por la pérdida de un animal que por él. Sintió que la había perdido y que la cuota de indiferencia y silencio que ella le estaba proporcionando era otra vez a causa de un perro, aunque a Mimosa la consideraba más digna de cariño. Su carita dulce había logrado hacerle perder el temor inexplicable que le causaban los perros, el cual había aumentado con su llegada a Correntoso. Ya le había hecho saber a Marcela cuánto lamentaba el triste final del animal y el aprecio sincero que le había tomado. Además, que entendía su sufrimiento. Como ella no contestó, recurrió de nuevo a Verena y por ella se enteró que Marcela andaba muy ocupada tratando de que la policía actuara como era debido y castigara al culpable del perro atacante. Verena le dijo que hasta el momento no se había logrado que alguien pagara por el delito. Cuando la policía fue a la casa donde Marcela aseguró haber visto salir el perro, sus ocupantes negaron tener un animal. El perro había desaparecido y hubo un testigo que aunque no vio al perro salir de la casa, presenció el desenlace y logró asustar al furioso animal para que soltara su presa. También le contó que tía y sobrina estaban planeando visitarla. Samuel se sintió ansioso y decidido a enfrentar a Marcela para saber de una buena vez si había alguna esperanza de llegar a algo. Los días pasaron y Verena supuso que llegarían en cualquier momento porque el invierno iba avanzando y ellas debían regresar a Santa Catalina en primavera para abrir el hotel.

Samuel no durmió en toda la noche. Al día siguiente se levantó para terminar el trabajo y pese a que estaba muy ocupado, encontraba algún espacio en su mente para pensar en lo miserable que se había tornado su vida después de haberla conocido. Si hubiera existido una comunicación entre los dos, se habrían dado cuenta que coincidían en sus pensamientos. Al igual que ella, su vida había sido placentera aunque por distintos motivos. Tenía un trabajo que le gustaba y siempre una compañera con la cual pasaba un buen tiempo mientras duraba la relación. Sus romances generalmente terminaban porque las mujeres que conocía tenían el propósito de llevarlo al altar y entre sus planes no estaba casarse. Sin embargo, todo cambió cuando conoció a Marcela. Con ella podía imaginarse en el papel de esposo y a ella esperándolo, después del trabajo, sonriente y feliz en una casa ordenada y pulcra. Además, ella sabía cocinar y desde que probó los platos que preparaba, no volvió a disfrutar ese tipo de comida en los restaurantes a donde iba. El hecho de que ambos hubieran perdido a sus madres siendo niños, le parecía un motivo para unirlos más. Su padre fue vendedor y siempre estuvo viajando. Él lo puso a estudiar en un colegio católico hasta que terminó la secundaria. Las vacaciones las pasó siempre en el departamento bajo el cuidado de Carla, una vieja empleada doméstica que lo crió desde que nació. Su padre falleció poco antes de graduarse de la universidad. Le dejó bastante dinero para terminar la carrera y pagar un sueldo a Carla, quien vivió en el departamento hasta jubilarse, luego ella se fue a vivir con unos parientes y tres veces a la semana iba a limpiar y prepararle la comida a Samuel para que, como ella decía: «comiera como la gente».

En la noche, después de trabajar en un proyecto que llevó a casa, Samuel se sentó a mirar televisión. Ni el cansancio ni pensar en Marcela le iban a impedir perder una noche de fútbol, y menos cuando dos grandes equipos se enfrentaban. Por eso borró de su mente la imagen de Marcela por más de una hora.

Al día siguiente también estuvo muy ocupado y se alegró porque ese día Carla iba a la casa y eso significaba «casa limpia y buena cena». Al llegar al edificio recogió la correspondencia y subió las escaleras corriendo sin esperar el ascensor. Cuando iba a abrir la puerta escuchó a alguien hablando con Carla y rogó que no fuera la última pareja que había tenido, pues a pesar de que ella le había pedido perdón más de una vez, estaba dolido porque le había mentido y no quería saber nada de ella. Carla estaba hablando y no se percató que Samuel abrió la puerta, él se sorprendió al ver a Marcela tomando el té en la mesa como si fuera algo usual. Ella corrió a su encuentro y él asombrado la abrazó. Carla disimuló tener que hacer algo y se retiró de la sala. Samuel notó que Marcela estaba más delgada y muy pálida. A manera de reproche le hizo saber que se había enterado de todo y que ella no había contestado sus mensajes. Ella se disculpó, pero a él le vino a la mente la otra mujer pidiéndole perdón y casi la rechazó. Sin embargo, había tanto dolor en las palabras de Marcela que volvió a abrazarla y repitió cuánto lamentaba lo sucedido.

Carla apareció lista para irse y les dijo que la cena estaba lista y caliente.

-Gracias por escucharme-, le dijo Marcela.

Quedaron solos y él la invitó a la mesa. Asunción quedó desconcertada cuando Marcela la llamó y le dijo que cenaría con Samuel. Verena tuvo que convencerla de que no había motivo para preocuparse.

-Es que tú no sabes lo rara que ha estado últimamente-. Pero al final escuchó a su hermana y se calmó.

Samuel estaba muy contento. Ambos llevaron la comida a la mesa y lavaron los platos juntos. Pero a pesar de que él se sentía muy cómodo, pensaba que eso no era lo que había soñado. Tuvo miedo que todo no dejara de ser un romance más en el que ella pasaba por su vida sin dejar huella. Siempre pensó que lo que le había atraído de Marcela era su manera de ser un poco pueblerina y la feminidad que emanaba por todo su cuerpo. El futuro lo veía igual al recuerdo que tenía de sus padres, él trabajando fuera de casa todo el tiempo y ella esperando su regreso de cada viaje con la casa limpia y la mesa puesta. Cuando quedó solo, temió haber enviado el mensaje equivocado a Marcela. Pero en algo no falló, sus parejas anteriores en las primeras citas nunca habían dejado el departamento sin un beso o algo más; al comienzo se iban tarde, y luego poco a poco, alargaban la estadía hasta que un día simplemente, se mudaban con él. Trató de entender qué le impedía llegar más lejos con ella. Quizás sólo la veía como a una esposa perfecta o no había suficiente atracción física entre ellos. Pensó que debía ser paciente. El destino le había puesto en su vida a una mujer diferente y él debía cambiar su forma de tratarla; y si la paciencia era el arma que debía emplear para ganarla, esperaba obtener pronto un premio a su tenacidad. Aunque pensó que nunca le había resultado tan difícil llegar al corazón de una mujer, tal vez porque siempre había sido conquistado. Hasta en eso su relación con Marcela prometía ser distinta. Quizás Dios le estaba poniendo el camino difícil para premiarlo al final con un amor distinto y duradero.

Marcela empezó a visitar a Clara y a ayudarla con Caprichoso. Cada vez que la acompañaba al veterinario o le daba un baño a la mascota, pensaba que quizás Mimosa la estaba mirando desde el cielo. Pero entre más años, le resultaba difícil pensar en el más allá o en el paraíso, donde de niña pensaba que estaba su madre esperándola y se encontraría con todas las personas que había conocido en este mundo. Aún así, deseaba volver a creer en algo tan maravilloso. Sergio solía decirle que sólo vería a los más allegados a su vida porque con tanta gente que moría, era imposible encontrarlos a todos en un lugar tan grande. Marcela deseaba creer que ese lugar existía, pero en su mente sólo había lugar para la realidad de los seres humanos. Tal vez si Mimosa hubiera muerto cuando ella era niña, hubiera podido imaginar que la esperaba en el cielo. A veces al acariciar a la mascota de Clara, volvía la imagen fugaz de su perrita y por un segundo, olvidaba que no volvería a sentir el calor de su cuerpo. El perro de Clara al igual que Mimosa, no eran muy amigos de dar besos como la mayoría de los caninos. Y como Marcela tenía una mente inquisitiva se había propuesto averiguar si eso tenía algo que ver con la raza, pues los gatos eran muy tranquilos o muy traviesos, y a ella algunos le resultaban simpáticos y otros, arrogantes. A los perros en cambio, debido a su lealtad hacia Mimosa, los veía con tanto amor que le parecía entenderlos a todos.

Marcela no quería pensar en Samuel. Estaba segura que él no la encontraba atractiva y quería evitar imaginarlo a su lado como lo había hecho con Sergio. Nunca había recibido un verdadero beso de amor y según las telenovelas que trataban de imitar la vida, la atracción entre un hombre y una mujer era algo súbito. Pero él, al igual que Sergio, la trataban como a una hermana y eso la llevaba a suponer que no había nacido para ser amada, hasta creyó que hubiera podido ser monja. Sin embargo, apenas pensaba en eso volvía a su memoria aquel beso, un poco fugaz comparado con los del cine o la televisión. El recuerdo del beso la hizo querer experimentar algo más profundo. También recordó cuando caminaban juntos, tomados de la mano a la orilla del río.

Samuel también sentía que había perdido sus encantos. A veces pensaba que lo mejor era encontrar a alguien, pero nadie parecía poner los ojos en él y se sentía derrotado. En el trabajo miraba de soslayo a la única mujer que no estaba casada, pero la comparaba con Marcela y le resultaba tonta y sin personalidad. Lo que más admiraba en ella era que tenía la mente abierta a cualquier tema que pudieran tratar. Siempre agregaba algo a sus conocimientos periodísticos, lo cual necesitaba para escribir una historia interesante. También tenía el poder de sacarlo de la rutina, hacerlo cambiar de opinión y ser más flexible e imparcial ante cualquier circunstancia. Por ella empezó a interesarse en los animales y a aprender a verlos como seres vivientes hasta el punto de sentirse más cómodo frente a ellos. Pero el destino parecía empeñado en que retrocediera en la confianza ganada hacia ellos y les sintiera cierto rencor. También aprendió a sentirse más cómodo con personas de edad y trabó una hermosa amistad con Verena y Clara. Frente a Asunción siempre se sintió un poco inseguro, pero poco a poco eso fue cambiando. Con Marcela pasaban muchos momentos en silencio cada uno en su mundo y si encontraban un tema de conversación, hablaban por horas. El tiempo que pasaron juntos no era mucho y podía recordarlo sin problema.

Pasaron los meses y Marcela empezó a planear su regreso. Marisol se comunicó con ella y le dijo que el perro había aparecido y por sugerencia de Sergio, la policía había ido a hablar con los dueños, quienes al verse acorralados, habían dicho que lo habían escondido en una finca donde trabajaba un amigo. La madre explicó que su hijo de diez años era el que lo había soltado. El muchacho había oído a los mayores culpar a Marcela de alertar a la policía sobre el problema que estaban causando el gran número de perros vagabundos en las calles. El niño había perdido a su mascota en una de las primeras redadas de la perrera y no había tenido dinero para pagar la multa, las vacunas y requisitos necesarios para llevarlo consigo. Aunque le dieron un plazo para demostrar que estaban en condiciones de mantener y cuidar el perro, éste logró escapar antes y el niño con ayuda de su madre, lo ocultó y lo llevó al campo. Como el niño pensó que todo era culpa de Marcela, la vio pasar desde la ventana con su mascota y sintió deseos de hacerla pagar porque estuvo a punto de perder lo único que poseía. Años atrás había encontrado al perro perdido frente a su casa y éste se había convertido en la única compañía y seguridad, mientras su madre, una mujer viuda, se ausentaba para trabajar y poder alimentarlo y enviarlo a la escuela. Marisol aún no había terminado de contar todo, cuando Marcela la interrumpió y le pidió que no permitiera que sacrificaran al perro. Enseguida, decidió regresar al hogar.

Marcela no quería volver a ver a Samuel porque después de unos días de lograr estar juntos sin pelear, él seguía sin hablar de sus sentimientos hacia ella. Eso la ponía de mal humor y aunque estaba segura que él nunca sentiría nada por ella, no quiso partir sin despedirse. Entró al edificio pensando en dejar un mensaje con el portero, pero éste la hizo subir, diciéndole que él había llegado temprano. En el ascensor pensó devolverse, pero decidió terminar de una vez con todo y decirle adiós. Samuel abrió la puerta algo molesto y ella le dijo que iba a despedirse. Al entrar a la sala, vio con asombro a una joven, que la miró con recelo. Marcela pensó que había sido tan inocente que nunca se le ocurrió que el motivo de la frialdad de él fuera otra mujer, pero el orgullo no la dejó demostrar su desilusión y se presentó sola.

-Soy una amiga de Samuel, vengo a despedirme porque mañana regreso a mi ciudad-, dijo Marcela actuando muy bien, pero la otra mujer los miró a los dos con furia y levantándose de la silla, salió dando un portazo.

-Perdón, debí llamar.

-Siéntate por favor, ella fue mi pareja pero ya no hay nada entre nosotros. Vino a saludarme y yo abrí la puerta pensando que era un amigo que estoy esperando.

En ese momento sonó el timbre y Samuel fue a abrir. Entró un joven cargando un portafolio y lo dejó sobre la mesa. Luego se disculpó diciendo que se retiraría si había llegado en mal momento.

-Yo soy la que debo irme-, dijo Marcela y se levantó. Al llegar a la puerta se volteó y le tendió la mano a Samuel. Le dijo que partiría tan pronto encontrara pasajes.

-Perdona pero debemos hablar, dame unas dos horas para terminar un trabajo y luego hablamos.

-En un rato vamos a cenar con Clara y no sé si tendré tiempo de volver-. Dijo eso y salió casi corriendo. En el ascensor sintió ganas de llorar y pensó que había sido una tonta y que lo mejor era no verlo nunca más. Se arrepintió de haber actuado precipitadamente, ya que él le había dicho que no había nada entre él y aquella mujer. El problema era que su comportamiento la ponía de mal humor y aunque tuvo el impulso de regresar, su orgullo nuevamente se lo impidió.

En casa de Clara buscó consuelo jugando con el perro y lo puso sobre su falda más de una vez, algo que al animal no le gustaba, pero ella lo vía tan parecido a Mimosa que no dejaba de acariciarlo. Esa noche, recordó a la muchacha y se alegró de haberla hecho enojar. Sintió que en ella había dos personas, una que trataba de mostrarse contenta con sus tías y Clara, y la otra, que deseaba estar sola para poner sus pensamientos en claro y llorar si era necesario para sentirse mejor. Aún no sabía si Asunción regresaría con ella enseguida, pues su tía le dijo que quería pensarlo y hablar primero con Verena. Marcela estaba decidida a irse apenas encontrara un boleto y estaba dispuesta a ponerse firme con su tía. De pronto, sonó el teléfono y Clara le dijo que era Samuel. Él le pidió que no se fuera sin antes hablar con él. Aún estaba trabajando y debía terminar esa noche por lo que le hizo prometer a Marcela que no se iría sin verlo. Marcela volvió al comedor y vio la mirada interrogante de las mujeres sobre ella, pero simuló no darse cuenta y siguió comiendo despacio.

Tal como lo pensó, Asunción no estaba dispuesta a regresar tan pronto. Marcela trató de convencerla y le dijo que ella debía regresar porque quería asegurarse de que no sacrificaran al perro, y luego le contó a Clara lo sucedido.

-Tú no sabes si eso pasará-, dijo Asunción, pero Marcela alegó que ya había ocurrido antes y repitió que habían muchas personas para las cuales la vida de los animales no tenía ninguna importancia. No dijo que también deseaba irse porque estaba enojada con Samuel. Le dijo a Asunción que si ella no se iba, lo haría sola. Su tía se resignó entonces, y volvió a quejarse con Verena de lo difícil que estaba su sobrina.

-Es que ustedes siempre vivieron una vida tranquila. Trabajaban juntas, salían juntas, se levantaban a la misma hora, desayunaban juntas, abrían el negocio juntas y de pronto, tú continúas en la misma rutina, todo es igual en tu mundo, pero en la vida de Marcela llegó alguien y su vida ha tomado otro rumbo. Todo tiene que ver con Samuel. ¿Viste lo nerviosa que se puso cuando habló con él anoche? Se me ocurre que cuando salió ayer fue a verlo y algo pasó, por eso quiere irse lo antes posible. Debes dejarla ir. ¿Por qué tú no te quedas un tiempo más? Tal vez es hora de que ella viva su vida sin ti. Necesita aprender a tomar sus propias decisiones. Unos días sola la harán crecer.

En ese momento, Marcela entró y le preguntó a Asunción si debía conseguirle pasajes, pero ella le recordó que ya tenían pasajes de tren, ida y vuelta. Entonces Marcela le dijo que trataría de tomar el ómnibus y su tía le respondió resignada que hiciera lo que quisiera, pues ella volvería en la fecha estipulada.

Al otro día, rumbo a la estación del ómnibus, Marcela vio una agencia de viajes y se detuvo a preguntar si había un pasaje disponible en avión. Le confirmaron que había un cupo para ese día y sin pensarlo dos veces, lo compró. Sólo tenía tres horas para llegar al aeropuerto. Sus tías se quejaron de no tener tiempo suficiente para arreglarse y acompañarla, pero ella les dijo que no debían molestarse porque tomaría un taxi. Cuando Asunción la despidió, la miró con asombro y luego le comentó con amargura a su hermana que su sobrina ya no la necesitaba.

Marcela no pudo ver a Santa Catalina desde arriba porque se sentó lejos de la ventanilla, pero no le importó, sabía que ya nada era igual. Poco a poco había ido alejándose de las cosas de su pasado y en los últimos años todo parecía más difícil. Las cosas que por tantos años la alegraron ya no existían. Recordó que la última vez que se levantó contenta y sin problemas fue hasta que llegó Samuel al hotel. Lo primero que él le produjo fue enojo por la prepotencia con que pidió una habitación y el odio con que miró a Mimosa. La imagen de su mejor amiga le vino a la memoria, pero la mirada interrogadora de la azafata le hizo volver en sí y cayó en cuenta que el avión había aterrizado y ella era la única que no había bajado.

Con sorpresa encontró a Marisol y Tomasa esperándola. Supuso que Asunción les había informado de su llegada y se alegró de verlas.

Sergio le contó que el perro había sido sacrificado. Nuevamente las calles estaban llenas de perros y nadie se explicaba de dónde habían salido. Sabían que muchos se habían refugiado en las estancias que circundaban la ciudad y en invierno habían vuelto a alimentarse de ovejas. Muchos perdieron la vida por el disparo de algún estanciero furioso y otros fueron envenenados porque al verse solos, libres y hambrientos, se habían vuelto salvajes. Algunos propietarios de cotos de caza pensaron adueñarse de ellos para adiestrarlos, pero pronto comprobaron que eran demasiado viejos para aprender o que habían vivido demasiado tiempo en la ciudad para adaptarse a otro ambiente. Además, como habían matado para comer, eso no los hacía buenos para la caza porque al agarrar una presa, deseaban comerla por instinto. Los perros al verse acechados por la policía y encerrados durante largo tiempo, se volvieron desconfiados y dispuestos a defenderse del peligro inminente. En verano lograron escapar y sobrevivir, pero en invierno no fue suficiente cazar perdices y animales pequeños, el hambre los hizo volver a la ciudad. Muy pocos encontraron el camino de vuelta al hogar. Aunque no se sabe cuánto recuerda un perro, si se sabe que nunca olvidan a sus amos, así hayan sido buenos o malos. La policía no pudo hacer nada y se quejó de que ese no era su trabajo. La Asociación Protectora de Animales tampoco encontró una solución al problema. No tenían dinero ni un lugar para albergar tantos perros. Además, ante la imposibilidad de tener un perro, algunos optaron por tener otro tipo de mascotas. Los perros que lograron sobrevivir en el campo se acostumbraron a matar para comer y en la ciudad, no vacilaron en correr detrás de un gato u otro animal pequeño. De esta manera, quienes tenían dinero llenaron las veterinarias llevando a sus mascotas heridas y muchos, como Sergio, no dieron abasto.

Algunos dueños recibieron a sus perros prófugos con los brazos abiertos, sin corazón para echarlos a la calle. Imaginaban las dificultades que tuvieron que pasar sus mascotas para sobrevivir. Otros tuvieron que resignarse a no tenerlos más y los más afectados por la perdida de las mascotas, terminaron adoptando a los perros, los cuales si antes era imposible mantenerlos dentro de la casa o el patio, ahora sólo aparecían cuando tenían hambre. Nadie sabía donde se escondían durante el día, pero en las noches dormían en las veredas frente a las casas. Salir de noche se había convertido en algo imposible. Como Santa Catalina era una ciudad rodeada de estancias o granjas, probablemente los perros salían en busca de alimento fuera de la ciudad. El problema creció porque al ser dejados a su suerte, algunos perros volvieron a un estado primitivo y semisalvaje. Y aunque había quienes pensaban que la vida de un animal no tenía valor, otros los sentían parte de la familia y los defendían diciendo que nadie echaría a un hijo de la casa si tomaba el camino equivocado, por el contrario, lo ayudarían a encontrar el camino recto. Marisol y Sergio le hicieron saber todo esto a Marcela y ella les dijo que debían hacer algo. El matrimonio le sugirió unirse a ellos y colaborar en la campaña que estaban adelantando para enseñar, en especial a los habitantes del barrio, la responsabilidad de tener un animal. Para Marcela esa no era la solución. Los perros estaban de vuelta y lo que la gente debía escuchar no era el rechazo a tener un animal debido a la responsabilidad que acarreaba, sino aprender a enfrentar el problema para que los animales se sintieran protegidos.

Los días sucesivos fueron muy agitados. Marcela participó en los programas que Sergio tenía en la televisión donde hablaba de temas importantes sobre las mascotas. Los televidentes enviaban toda clase de preguntas y ellos respondían. Siempre se ponían de acuerdo en cuáles debían contestar.

Marcela le contó a Sergio que había ido varias veces a ver al niño, pero que éste no le había abierto la puerta, pese a que ella le había hecho saber quien era. Sergio quiso saber por qué quería verlo y ella le dijo que imaginaba que se sentía triste por haber perdido a su perro. Marcela le contó que sabía el nombre del niño porque le había preguntando a unos vecinos. Sergio le dijo que una vez al mes invitaba al programa a quien quisiera plantear una inquietud y que el niño había ido a expresar su ira contra ella. Aunque Sergio trató de hacerle entender que estaba equivocado, el niño no se convenció.

-No deberías insistir en verlo, aunque es un niño de unos nueve o diez años, tiene mucho rencor. Hace dos años perdió a su padre y aún no se ha recuperado de ese dolor. Un día también fue al consultorio y Marisol estaba conmigo. Me pidió que lo ayudara a sacar su perro de la perrera y tuvimos que decirle que había muerto. Te culpó a ti de que el perro hubiera sido eliminado. Creía que al igual que los otros, eras culpable de haber iniciado el problema. Tratamos de convencerlo de su equivocación y por un momento, Marisol logró apaciguar su odio, pero no estamos seguros si dejó la sala, enojado o triste. Deberías esperar un poco antes de verlo y así tal vez yo pueda averiguar si aún está resentido.

Marcela quiso decirle que con más razón debía hablar con él para hacerle entender que estaba equivocado respecto a ella, pero no quiso discutir. Sergio la conocía demasiado bien y supo que ella insistiría en hablarle para hacerlo olvidar el rencor que llevaba adentro.

Desde su regreso, Marcela estuvo muy ocupada. Sergio se había quedado sin secretaria y ella decidió ayudarlo hasta que volviera Asunción para abrir el hotel o hasta que su amigo encontrara un reemplazo. El trabajo le parecía fácil porque había trabajado desde pequeña. Lo único distinto en la veterinaria era que debía aprender a llevar un archivo, aunque a la larga era similar al del negocio y el hotel. Un estudiante de veterinaria le ayudaba a Sergio a preparar a los animales cuando debían ser operados y curados de alguna herida o un hueso roto y ella siempre apoyaba. Había pensado incluso, ofrecer sus servicios a la Asociación Protectora de Animales, pero cuando la entrevistaron se dieron cuenta que sicológicamente aún estaba afectada por la pérdida de su mascota y le aconsejaron volver después. Marcela pasaba la mayor parte del tiempo con los Ayala, ocho horas en la veterinaria, y luego, visitaba al niño de ambos cuando terminaba de trabajar. Al comienzo la pasó bien, pero luego se dio cuenta que no había inconveniente cuando iba sola porque Sergio se quedaba a trabajar hasta tarde, pero cuando llegaban juntos, Marisol no parecía tan contenta de verla, quizás porque esperaba hablar con Sergio y su presencia estaba de más. Marcela a veces sentía un poco de celos cuando los veía darse un beso y se preguntaba si algún día tendría un hogar así. Cuando su amiga se quejaba de la gran responsabilidad de tener un bebé, ella pensaba que nunca se quejaría si lograba tener a dos seres humanos a quienes cuidar y querer. Marcela extrañaba a Asunción y a veces le parecía que no volvería a verla. Mientras estaba en compañía de Tomasa o Soledad se sentía bien, pero a solas en su habitación volvía el recuerdo de Samuel. Recibió algunos correos de él, pero como nunca los contestó él dejó de enviarlos. Entonces, se reprochaba por no haber contestado y se torturaba pensando que quizás ya había encontrado a alguien más cariñosa y sociable que ella, y en las noches, los celos y las dudas no la dejaban tranquila.

Una tarde hermosa, Marcela dejó el automóvil y le avisó a Soledad que iría a dar un paseo. Pensó en caminar cerca al río, pero como aún hacia frío, cambió de rumbo y se dirigió a la casa del niño, dispuesta a no volver sin antes hablar con él. Entró a una parte de la ciudad de casas pequeñas y clase media. A su paso, varios perros ladraron dentro de la casa y otros se acercaron amenazantes al cerco que los separaba de la vereda. En algunos momentos se asustó y estuvo tentada a volverse, pero se había hecho el propósito de no dejar pasar un día más sin hablar con el niño. Siguió caminando hasta que estuvo frente al portón. Escuchó música y se alegró de que alguien estuviera en la casa. Palmoteó y nadie contestó, sólo oyó que apagaron la radio y entonces abrió el portón para golpear la puerta pero no obtuvo respuesta.

-Sé que estás ahí. Por favor abre, necesito hablarte-. Al decir esto, movió la cerradura y pudo entrar. El niño estaba con los codos sobre la mesa y tapándose los oídos.

-No temas, sólo quiero que hablemos.

-Yo no le temo, pero no quiero hablar con usted.

-¿Por qué? Yo no te hice nada.

-Pero yo sí. Yo solté el perro. No pensé que mordería a su perrita. Sólo quería asustarla porque creía todo lo que dijeron de usted.

-¿Todavía lo crees?

-No, la esposa del doctor Ayala y mi mamá me convencieron que usted no tenía la culpa de nada.

El niño permanecía sentado con los codos en la mesa, la espalda encorvada y su postura lo hacía ver como un viejo. Marcela miró a su alrededor. En la cocina había algunas puertas que indicaban que la casa había sido remodelada años atrás, cuando había un patio en el centro y las habitaciones eran independientes. Quizás lo que ahora era la cocina había sido el patio; lo habían techado y se conservaba en perfectas condiciones. Los muebles, el piso, todo era de calidad y buen gusto. Ella había imaginado que el niño era resentido y prepotente, pero se dio cuenta que era muy distinto. No había levantado la vista de la mesa hasta entonces, pero cuando ella acercó una silla y pidió permiso para sentarse, él dio un salto y se excusó por sus modales.

-Quiero que hablemos. Los dos tenemos una pena muy grande por haber perdido a nuestras mascotas-. Marcela dijo cosas que no pensó cuando imaginó el encuentro. Al comienzo fue difícil que el niño hablara, pero poco a poco se contaron muchas cosas. Aunque Mario era mucho menor que su interlocutora, le habló de su niñez como si ya perteneciera al pasado. Le contó que había sido muy feliz cuando su padre vivía. Entonces, su madre no trabajaba y lo esperaba con el almuerzo cuando llegaba de la escuela. Contó también los momentos felices que vivieron hasta que él falleció y su madre empezó a trabajar en el supermercado tratando de hacer horas extras para saldar los gastos y mantener un nivel de vida. Al comienzo ella trabajó en una tienda de nueve a una, como era costumbre en el país, y luego iba a la casa para almorzar juntos. Él hacía las tareas de la casa y a las cuatro de la tarde, ella volvía a trabajar hasta las ocho. Dejó ese trabajo y pasó al supermercado donde tenía un horario de nueve de la mañana a tres de la tarde. Cuando no hacía horas extras tenía más tiempo para pasar con su hijo. Al comienzo todo era conveniente, hasta que necesitó ganar más para evitar perder la casa, entonces trabajó horas extras. Cuando el perro reapareció no tuvo valor para decirle a su hijo que el animal traería gastos extras, así que decidió trabajar los fines de semana. Por unas semanas se sintió tranquila de no tener que dejar a Mario solo porque el perro lo protegía, pero cuando se lo llevaron, se preocupó.

Marcela sintió que alguien abrió la puerta y temió que a la madre no le gustara encontrarla ahí y por la cara de asombro de ésta, no se equivocó. Miró a su hijo preocupada y él trató de explicarle quién era su huésped, pero ella no lo dejo terminar y le hizo señas de que lo siguiera. El salió sonriéndole para tranquilizarla. Cerraron la puerta y Marcela trató de escuchar, pero hablaron en voz baja. Luego volvieron y se disculparon. Marcela se puso de pie y la madre la invitó a sentarse. Luego, los tres hablaron un rato y se despidieron con la promesa de volverse a ver. Mario se ofreció a acompañarla.

-No sea que los perros la desconozcan-, dijo.

En la noche, Marcela no pudo borrar de su mente la experiencia vivida. Los ojos tristes del niño y la bondad de la madre la hicieron pensar en lo difícil que era la vida para muchas personas. Muchas veces pensó que su vida tampoco había sido fácil y se preguntó, como cuando era niña, por qué su madre había muerto tan joven, siendo ella tan pequeña. De pronto sintió la necesidad de hablar con sus tías para decirles que las extrañaba. Verena le dijo que Samuel había ido a visitarlas y había preguntado por ella. Apenas colgó, lo llamó pero él no contestó. Pensó que así era mejor, le dejaría un mensaje y si él no estaba tan enojado como imaginaba, seguramente respondería. Pero esa noche no lo hizo y al día siguiente llegó tarde a trabajar porque no quería que el teléfono sonara y ella no pudiera contestar.

Sergio la vio entrar de mal humor. Ella le contó que había ido a ver a Mario y éste le había dicho que le gustaría trabajar para ayudar a su madre y que a ella se le había ocurrido que tal vez podía ayudar en la veterinaria.

-¿Haciendo qué?

-Tal vez ayudando a bañar los perros. Tú dijiste que te gustaría encontrar algún estudiante que quisiera algunas horas de trabajo, pero que no lo hacías porque no era algo seguro, pues a veces pasan los días sin que un cliente traiga un perro para bañarlo. Para Mario serían unas horas de vez en cuando y podría ganar algún dinero. Además parece que está muy solo cuando llega de la escuela.

-Lo pensaré.

Fue un día ocupado y el tiempo pasó rápido. Marcela tuvo ganas de conducir hasta la casa del niño pero estaba cansada y se fue directo a su casa. Cuando se le metía algo en la cabeza le costaba dormir, pero esa noche decidió descansar. Al entrar encontró a Soledad muy preocupada.

-Tienes un cliente en el hotel-, le dijo y se alistó para salir, casi huyendo.

Más e-mails

Capítulo nueve

Entró a la sala que hacía las veces de oficina y buscó el libro de registro del hotel, pero no había nadie registrado desde el otoño. Todo se tornó complejo y se preguntó la razón por la cual Soledad había actuado tan descuidadamente. De pronto, sintió pasos y vio a Samuel entrando y mirándola perplejo. Rápidamente pensó que quizás había recibido su correo y había decidido viajar para verla. Pero no lucía muy contento y supuso que iba a decirle algo desagradable. Él le preguntó cómo estaba y se sentó sin dejar de mirarla. De pronto, perdió la compostura y le dijo que estaba enojado porque ella no había contestado su correo. Ella se excusó y le dijo que lo había hecho la noche anterior. Pidió perdón por haber actuado mal y discutieron un rato hasta que lograron apaciguarse. Él le dijo que tenía hambre y la invitó a cenar. Ella condujo el automóvil porque estaba haciendo frío y fueron a comer al restaurante donde habían cenado antes.

-Siempre pensé que no podría vivir en ningún lugar que no fuera la capital, pero a veces me siento bien aquí.

-Con mi madre vivíamos en otra ciudad, pero yo me acostumbré rápido a vivir en Santa Catalina, tenía ocho años cuando llegué aquí.

-¿Por qué a veces dices que vives en Santa Catalina y otras en Correntoso?

-Tal vez porque en la ciudad los barrios se ven tan marcados, que a veces me parece vivir en un lugar aparte, pero a la vez viene a mi memoria toda la ciudad. Lo mismo pasa con la capital y sus alrededores ¿no es así?-, y él asintió.

-Cuando te conocí me hablaste de tu madre, pero nunca mencionaste a tu padre.

-El falleció cuando yo era bebé. Mi madre casi nunca me habló de él. Era de otro país, nunca supe de dónde. Mi tía me dijo que ni siquiera hablaba nuestro idioma. Parece que no tenía ningún familiar en este país. Me hubiera gustado que tuviera a alguien. Cuando era niña imaginaba que alguien vendría y me diría que era mi tío. Quizás como mi tía nunca se casó y el esposo de mi tía Verena falleció poco después que lo conocí, siempre desee tener algún familiar del sexo masculino. Al padre de Sergio lo llamaba tío y era como si realmente lo fuera-. Pensó que tal vez esa era la causa por la cual Sergio siempre la trató tan familiarmente, no como a una hermana sino como a una prima. De repente, se avergonzó de sus pensamientos como si su interlocutor pudiera adivinar lo que estaba pasando por su mente. Y casi saltó de la silla cuando él le dijo que daría cualquier cosa por adivinar sus pensamientos. Luego, siguieron hablando sobre ellos hasta el hotel.

Miraron televisión y cuando se levantaron para irse a dormir, él le dijo que había sido enviado por el diario para hacer un reportaje en un pueblo cercano, pero que había decidido tomar el ómnibus para saludarla. Caminaron hasta la puerta y se despidieron, él quiso darle un beso, pero terminó diciéndole: «Hasta mañana», de manera amable pero fría. Desconcertada, Marcela se preparó para pasar otra noche de insomnio. Estaba más furiosa que nunca, mentalmente se veía gritándole para qué había venido. Pensó que debía aprender a hablar, porque siempre se quedaba esperando a que él dijera algo y cuanto antes debía terminar con él. Sin embargo se preguntó cómo iba a hacer para volver a la vida que tenía antes de conocerlo. Ya nada era igual y volvía a culparlo por haberle arruinado la existencia. Antes de que él llegara, vivía feliz, su vida era atender el negocio y a los turistas. Revivía su pasado como si no pudiera adaptarse a los nuevos cambios que estaban ocurriendo en su vida. Se veía esperando con alegría cada rostro conocido que llegaba y ser querida y respetada por sus clientes, y no con el odio o rabia que algunas personas sentían ahora contra ella. Entonces, pensó en Mario y se alegró de que hubiera recapacitado y olvidado su rencor. Lo imaginó contento de saber que ella había logrado convencer a Sergio de darle trabajo y su mirada triste se transformaba. Eso la tranquilizó y se durmió un poco más contenta.

Al día siguiente, Soledad llegó más temprano que de costumbre. Por teléfono había puesto a Tomasa al corriente de la llegada de Samuel. Marcela ya estaba lista para salir y le dijo que debía trabajar temprano y le ordenó prepararle el desayuno al huésped.

En la calle se dio cuenta que aún debía esperar algunas horas para que Sergio abriera la veterinaria y dio algunas vueltas para matar el tiempo, al final se sentó en una plaza. La gente que corría para ir a trabajar la miraba con curiosidad al verla sola, parecía como si no tuviera frío, a pesar de la mañana helada. De pronto recapacitó y se sintió como una idiota al pensar que estaba huyendo del hombre al cual por momentos veía como a un enemigo, pero que a la vez deseaba. Miró el reloj y aún tenía tiempo de desayunar, pero no tenía hambre. Esperó un rato más y se fue caminando lentamente al trabajo.

Samuel se quedó dormido y cuando fue a la cocina encontró a Soledad esperándolo con el desayuno listo. Le preguntó por Marcela y Soledad repitió las palabras que ella le dijo. Samuel pensó que al decir trabajo se refería al negocio y le preguntó si habían abierto antes de que Asunción regresara, entonces Soledad le dijo que Marcela estaba trabajando en la veterinaria. Le pidió la dirección, pero ella mintió y dijo que no sabía donde era. Pidió entonces una guía telefónica y apenas terminó de desayunar salió en su búsqueda, pero antes se dirigió a otras direcciones que tenía anotadas.

Cuando Marcela quiso recordarle a Sergio sobre lo que hablaron de Mario, éste le dijo que lo había pensado y no le gustaba la idea de entusiasmarlo en trabajar porque pensaba que un niño de esa edad sólo debía ir a la escuela y jugar. Marcela no lo veía así, ella había ayudado a su tía desde que fue a vivir con ella y nunca le pareció que eso le impidiera ser feliz. Ayudaba en horas en que el negocio estaba lleno y tan pronto todo volvía a la normalidad, su tía le decía que podía ir a jugar si ya había hecho la tarea. A veces la tía le ayudaba con sus deberes y era una buena idea si Mario estudiaba entre una tarea y otra. Sergio iba a responderle cuando llegó Samuel. Era cerca del mediodía y la invitó a almorzar. Marcela iba a rehusarse, pero Sergio le dijo que debía aceptar porque era un día con pocos clientes. Marcela se sintió herida porque le pareció que Sergio estaba haciendo de Cupido. Sin embargo, cuando se disponían a salir, llegó un hombre con un perro herido.

-No pude evitar atropellarlo, estaba peleando con otro perro y cayó casi debajo del camión-. Marcela le indicó el camino y con ayuda de Sergio pusieron al perro en la mesa de operaciones. Marcela interrogó a Sergio con la mirada y él le dijo que debían examinar la herida, pero antes parar la hemorragia.

-¿Crees que es un perro callejero?

-Mas bien parece de pedigrí, no puro pero si como un perro de caza.

Samuel al sentirse ignorado, se sentó y empezó a hojear una revista dedicada a los perros y buscó en las fotos uno semejante al que acaba de llegar. Había muchos, pero ninguno como el que buscaba hasta que finalmente lo encontró. Marcela apareció para decirle que fuera a almorzar porque el ayudante no había llegado y tampoco habían podido comunicarse con él, y eso significaba que debía ayudar a Sergio. Samuel le dijo que la esperaría porque esa tarde regresaría a la capital y quería hablar con ella antes de irse. Ella imaginó otra de las conversaciones en que siempre terminaban discutiendo y estuvo a punto de decirle que no creía que él fuera a decirle lo que ella quería oír, pero en ese momento Sergio la llamó y lo dejó sin darle una respuesta.

Lograron parar la hemorragia y curar algunas heridas profundas debido a las mordeduras que había recibido en la pelea y por el golpe del camión. Cuando Sergio quiso dejar la sala vio a Samuel sumido en la lectura de una revista y se devolvió para decirle a Marcela que fuera a almorzar. Ella lo había olvidado y se apresuró a pedirle perdón, pues no imaginó que él aún estuviera esperándola.

Salieron en silencio y se dirigieron en automóvil al centro de la ciudad. Ella le preguntó dónde deseaba almorzar.

-Sería interesante hacerlo aquí, casi no conozco el centro.

Recorrieron varias cuadras y se detuvieron en un restaurante nuevo. Él repitió que era como estar en otra ciudad. Marcela ya había oído decir que en su barrio todo era viejo y que el centro era muy moderno. Se sentaron, ordenaron y él le dijo que se iría esa misma tarde. Cuando trajeron la comida ella le describió el plato que habían pedido: perdices en escabeche. Santa Catalina estaba rodeada de cotos de caza, le explicó que 'coto de caza' era un terreno reservado para ese fin. Como en los alrededores de la ciudad habían muchas lagunas, ríos y lagos, los estancieros consideraron que era un buen negocio conservar las aves del lugar: torcazas, perdices, y también liebres, todo muy codiciado por los cazadores. Los dueños de esos campos prohibían la caza en tiempo de gestación y la permitían cuando las aves y los demás animales estaban suficientemente grandes para convertirse en platos exquisitos. Las leyes ayudaban a que no se cazara indiscriminadamente y se mantuviera un número suficiente para preservar las especies de aves y animales pequeños, como los conejos y las liebres, que eran las presas más codiciadas por los cazadores. De esta manera se evitaba el exterminio.

-Pero estas perdices son criadas en lugares especiales. Los lugareños aseguran que no hay como las que se crían en el campo, pero para mí las de los criaderos tienen un sabor más suave-. Mientras hablaba, Samuel la miraba y en un momento le dijo cuánto aprendía de ella.

-Yo fui criado en una gran ciudad y no entiendo mucho de esas cosas. Lo cómico es que Santa Catalina no es tan grande como la capital, pero tampoco es un pueblo y ha logrado conservar costumbres tanto en la forma de vivir de la gente como en los modismos y eso la convierte en una ciudad especial.

Marcela iba a decirle que ya sabía eso, no entendía porque sus comentarios la ponían furiosa. Sin embargo, pasaron un buen rato. De pronto, ella pensó que Samuel la había invitado para que lo pusiera al tanto de ciertas cosas que probablemente necesitaba para completar algún artículo, pues así había sucedido en sus primeros paseos con él cuando se interesó en escribir sobre Santa Catalina y Correntoso. Seguramente, estaba preparando otro artículo y la estaba usando de nuevo para obtener información, así que le dijo que debía volver al trabajo y se levantó. Samuel la miró con sorpresa y le dijo que no habían hablado del motivo por el cual estaba ahí.

-Te llevaré al aeropuerto y me comentas en el trayecto. ¿Quieres que te deje ahora en el hotel?

-No, gracias, caminaré un poco.

-Mira que estás bastante lejos y debes tener cuidado con los perros.

Esa tarde llegó furiosa a la veterinaria, pero volvió a hablar con Sergio sobre Mario. Él le repitió que no quería entusiasmar al niño con el trabajo, pero al final ella lo convenció y apenas terminó de trabajar fue a casa de niño para darle la noticia. La madre estaba ahí y Marcela se alegró de poder hablar con los dos. Mario se emocionó y su madre no tanto.

-Mario ya te he dicho que eres muy niño para trabajar. No sé que puedes hacer en una veterinaria.

-Nosotros lo ayudaremos, sólo debe bañar a los perros pequeños, pues con los grandes Sergio le dará una mano. También debe ponerlos sobre la mesa para examinarlos y barrer el piso cuando cortamos el pelo de alguno. Yo me encargaré de que no haga nada que sea demasiado pesado o difícil.

Nuevamente su madre lo llevó a otro cuarto para hablar a solas, pero esta vez Marcela logró escuchar. Al regresar, estaban contentos y le preguntaron a Marcela cuándo debía comenzar. Ella casi olvidó que debía llevar a Samuel al aeropuerto.

Cuando llegó a recogerlo, tenía las valijas en el pasillo y le dijo que estaba por llamar un taxi. Salieron precipitadamente y ella condujo a gran velocidad. Él le dijo que parecía apurada por librarse de él. Como ella no contestó siguieron en silencio. Samuel estuvo taciturno hasta que llegaron al aeropuerto y le sugirió estacionar el automóvil porque no quería irse sin hablar con ella.

Samuel presentó su boleto y despachó las valijas. Ella esperó pacientemente. Luego la invitó al restaurante del aeropuerto. Estaba furioso porque nunca se había sentido tan intimidado por una persona. Miró la hora y vio que casi no tenía tiempo para decir lo que había estado a punto de preguntar y de no hacerlo, jamás volvería a hablarle. Sentados frente a una taza de café, dejó de vacilar y le dijo que había solicitado un trabajo en el diario de Santa Catalina y que lo habían aceptado. Ella no entendió eso qué tenía que ver con ella, pero luego sintió miedo cuando él le preguntó lo que siempre había esperado escuchar.

-…De ti depende que acepte o no ese trabajo. ¿Quieres casarte conmigo?

Al verla tan asombrada, Samuel se sintió herido y tuvo un impulso de dejarla ahí y no volver a verla nunca más. En ese momento anunciaron su vuelo, se levantó y se dirigió a la puerta de salida sin mirar atrás, pero algo lo hizo volver la cabeza para decirle: «Piénsalo, te doy dos días para contestar, tú sabes mi correo electrónico». Iba a salir corriendo, pero la tomó en sus brazos y le dio un beso, tal como ella lo imaginó muchas veces, pero en la realidad fue mil veces mejor. Luego, Samuel volvió a mirarla y ella seguía clavada en el mismo lugar. No supo si tenía un gesto de asombro o si no le había gustado lo que había escuchado. Sólo rogó que fuera algo más.

Marcela llegó a la casa y sintió un enorme vacío al entrar, pero estaba contenta de sentirse libre para pensar y traer a su mente las palabras de Samuel. Por momentos le parecía que todo había sido producto de su imaginación e hizo un esfuerzo para traer ese momento una y mil veces a su mente. Deseaba volver a escucharlo para que todo pareciera más real, luego prendió el computador y le contestó que ella también quería casarse. De pronto, empezó a escribirle acerca de los malos momentos que pasó debido a su indiferencia, pero temió estar exagerando y borró lo escrito. Decidió entonces, escribir después y mostrarse menos ansiosa. Pero en la noche, como no pudo dormir se levantó y redactó una carta más simple, pero cuando la envió se arrepintió, aunque ya no había vuelta atrás.

Samuel llegó tarde al departamento y lo primero que quiso saber fue si Marcela le había contestado, pero tuvo miedo de que no lo hubiera hecho, así que decidió esperar hasta el otro día.

Marcela revisó su correo al día siguiente y como no encontró nada se fue desilusionada a trabajar. Todo el día estuvo muy ocupada. Mario debía llegar a las cuatro y ya había llegado el primer perro que tenía que ayudar a bañar. Sergio se había asegurado que el turno fuera para un perro pequeño con el fin de que su primer trabajo resultara fácil. Marcela pensó en recoger al niño porque el trecho desde su casa era muy largo, pero no lo hizo y al ver que no llegaba, pensó que tal vez había cambiado de idea, se había asustado o su madre lo había convencido de que no lo hiciera. Se entristeció, pero al instante vio al niño sentado frente a la puerta. Estaba un poco nervioso, pero cuando vio a la mascota se puso contento y se dispuso a bañarlo como si fuera un juego. Luego bañaron a otro y a uno más grande. Sergio pensó que él niño lo haría solo, pero Marcela lo ayudó y terminaron los tres haciéndolo.

Marcela se comprometió a llevar a Mario a la casa. Mientras esperaba a Marcela, pidió permiso para mirar el lugar y cuando estuvo frente a la jaula del perro que había sido operado, gritó: «¡Lobo!, es mi perro». Sergio trató de convencerlo que quizás se parecían porque eran de la misma raza, pero que éste era demasiado joven. Cuando se levantó, el niño terminó por convencerse que se trataba de otro perro.

Mario escuchó cuando Marcela y Sergio hablaron de la necesidad de encontrar al dueño porque no podían tener al perro por más tiempo. La veterinaria sólo atendía casos urgentes y si el animal estaba enfermo debía ser llevado al hospital de animales. En la mente del niño, la idea de que no encontraran al dueño lo asustaba porque sabía que podían eliminarlo si nadie se hacia responsable. Pensó entonces en llevárselo a la casa y ahorrar para mantenerlo, además su casa era grande y tenía un patio cercado. Estaba seguro que nadie iba a oponerse, pues era mejor que permitir que lo llevaran a la perrera, donde probablemente no saldría vivo. Pensó también en mentir y decir que él era el dueño, aunque estaba seguro que lo descubrirían. Sabía que muchos pensaban que los niños tenían tendencia a mentir, así que desistió porque no quería soportar esa teoría. Además, estaba seguro que le preguntarían a su madre y ella diría la verdad. En el camino a su casa se mantuvo ocupado pensando y al llegar, le preguntó a Marcela si quería bajar, pero ella creyó que lo mejor era que él hablara con su madre, pues interpretó que su silencio y su preocupación eran producto de su descontento con su primer día de trabajo.

Al llegar a su casa, Soledad la estaba esperando. Le dijo que se alegraba de que Samuel se hubiera ido porque las malas lenguas podrían hablar por el hecho de quedarse sola en casa con él. Marcela rió y le dijo que era ridículo porque no tenían cómo enterarse, pero Soledad le recordó que en el barrio todo lo malo se sabía.

-No hubo nada de malo en que hubiéramos estado solos. Somos dos adultos y además, no temas porque nos portamos muy bien-, y volvió a reír. Pero a la vez, le gustó que se preocupara por su reputación. Siempre consideró algo romántico, esas costumbres que ya casi habían acabado y nadie podía asegurar, si para bien o para mal. Sólo en Correntoso parecían perdurar porque todos se preocupaban por el «qué dirán». Pensó que Samuel había respetado sus principios y forma de ser, y eso le gustó.

Luego, revisó el correo electrónico y encontró una larga carta de Samuel donde le decía que estaba feliz. Había escrito una carta de confirmación al diario mayor de Santa Catalina y tan pronto recibiera una repuesta pondría el departamento en venta y se mudaría cerca de ella. Desde ese día, empezaron a intercambiar correspondencia todos los días y fueron conociéndose un poco más.

Asunción regresó al poco tiempo y empezaron a preparar el hotel. Habían decidido no volver a abrir el negocio. Tal vez lo alquilarían, aunque no estaban del todo seguras.

Un día, al llegar a la veterinaria con Mario, encontró a un hombre y por su vestimenta supuso que era un hacendado o algún dueño de un coto de caza. Sergio le dijo que él había visto el programa semanal de televisión donde buscaban a quien pudiera reconocer al perro y él dijo ser su dueño. Efectivamente, el animal le pertenecía, era producto de un perro que pertenecía a uno de sus trabajadores y a una de sus perras de pedigrí. Cuando la perra tuvo cría, él lo eligió para agregarlo a su plantel, aunque los socios del coto de caza no aceptaban perros que no fueran de raza. Pero él quiso experimentar y decidió quedarse con el para entrenarlo. No estaba seguro si sería bueno, pues era algo grande para la caza de perdiz y paloma, aunque perfecto para la caza de liebres y zorros. El hombre aseguró que el perro de su trabajador era uno de los que se salvaron de la eliminación en Santa Catalina. Ni el cuidador ni él, se explicaban cómo sucedió el cruce entre los perros, pues él se aseguraba de que sus perras se aparearan con los de su propia sangre para conservar la raza. De alguna forma, su preferida había logrado escapar hasta la casa del cuidador, aunque ésta quedaba dentro de la estancia.

-Mario, ahí tienes la repuesta a tu confusión cuando creíste que era tu perro.

-No creo que sea tanta casualidad porque tú nos dijiste que escondiste al perro en la casa de alguien que trabajaba en el campo.

Mario permaneció callado. El hombre dijo que ya no sabía si quedárselo, ahora que sabía que el animal nunca dejaría de renquear, debido a la herida profunda que recibió. Le pidió a Sergio que viera la posibilidad de encontrarle un buen hogar por medio de la televisión. Él pagaría un aviso en el diario y estaba dispuesto a ayudar con los trámites y vacunas que se necesitaran. Dijo que para él los animales eran muy importantes y desde chico se había dedicado a salvarlos de los malos tratos que los humanos cometían. Mario rompió su silencio y dijo que él podía llevarse el animal a la casa. Todos quedaron asombrados. El hombre le sugirió que primero hablara con sus padres y que si ellos aceptaban, él estaría contento de encontrar un buen hogar para «Dino». Marcela quiso saber porque se llamaba así y se enteró que era por un dibujo animado donde el perro era igual de atolondrado. Cuando Mario dejó la veterinaria le dijo al perro: «Te veo mañana Dino». Marcela y Mario estaban entusiasmados e hicieron planes en el camino. Al llegar a la casa de Mario, ambos rogaron mentalmente para que la madre aceptara al perro.

Marcela se alegró de encontrar a Asunción esperándola. Cenaron y aunque se moría por revisar el correo, debió esperar. Después de cenar tocaron el tema del negocio. Asunción estaba decidida a venderlo porque estaba cansada y además, pensaba irse a vivir a la capital con su hermana.

-Nosotras, las tres viejas estamos cansadas. Hablé con Soledad y está deseando jubilarse. Con Tomasa hablaré mañana y seguramente, piensa igual.

Marcela pensó que quizás Samuel ya les había dicho de su propuesta de matrimonio, así que le preguntó si ese era el motivo por el cual quería dejar Santa Catalina. Su tía le respondió que era hora de que ella aprendiera a vivir su propia vida. Siempre le había hecho todo como le gustaba, pero ya debía aprender a tomar decisiones por su cuenta. La tristeza invadió a Marcela, era como que si estuviera despidiendo una parte de su vida. Sintió un pequeño temor de que su futuro no fuera tan feliz como su pasado. Asunción al ver que nunca oiría de los labios de sus sobrina lo que esperaba que le dijera, le preguntó a quemarropa la razón por la cual no le había contado que Samuel le había propuesto matrimonio. Marcela se ruborizó como si la hubieran descubierto en algo malo, pero le dijo que eso no quería decir que se casaría de inmediato. Le dijo que lo había pensado y que en la carta entusiasta de Samuel no veía lo que había esperado. Había imaginado un momento muy distinto, quizás algo cursi como un ramo de flores, un tono romántico en sus palabras y una expresión más convincente en su rostro. Sin embargo, reconoció que todo se debía a su mal carácter y al no haberse dado la oportunidad de escucharlo en muchos encuentros. Notó que estaba repitiendo la misma conducta con su tía y entonces, se sinceró y le contó cómo habían ocurrido las cosas. También le pidió que no vendiera el negocio, pues aún ella no sabía aceptar el rumbo que estaba tomando su vida.

Después de conversar un largo rato con su tía, fue a su cuarto a consultar el correo y leyó con desilusión una larga carta de Samuel en la que le contaba que había ido a la biblioteca y había encontrado un libro sobre perros, y según él, el perro que había visto en la mesa de operaciones tenía algo de *epagneul* bretón, aunque no era de raza pura. Ella se enojó, Samuel había perdido el tiempo diciéndole algo que ya sabía. Ni siquiera le había enviado una palabra de amor. Pensó que él no sentía nada de cariño por ella, así que se acostó furiosa y no le contestó. Aún no se había dormido cuando él llamó. Le preguntó si había leído el correo y ella apenas contestó que sí y que le contestaría al día siguiente. Samuel se despidió y le ordenó que le contestara pronto. Eso a ella no le gustó. Si hubiera tenido más experiencia con el sexo opuesto, sabría que algunos hombres no saben mantener una relación amorosa por carta y que Samuel, era uno de ellos.

Al día siguiente, Mario no trabajó porque no tuvieron suficientes perros para bañar, Marcela era quien contestaba el teléfono y había planeado colocar turnos dos veces por semanas para asegurarse de que el niño sólo trabajara cuando hubiera suficientes clientes. En todo caso, después de la escuela Mario pasó a ver si Dino estaba mejor. Sin que nadie le dijera le sirvió agua fresca y lo saludó por su nombre. El perro se levantó y Sergio pensó que era una buena oportunidad para que practicara caminar con las tres patas, pues iba a tardar un tiempo en hacerlo normalmente. Sergio y Marcela vieron salir a Mario con el animal y se sintieron felices de verlo tan contento.

El tiempo pasó rápido. Asunción decidió que Marcela no necesitaba dejar de trabajar en la veterinaria, pues Soledad se sentía con fuerzas para atender el hotel y Tomasa estaba feliz de poder jubilarse. Todo parecía marchar bien para todos, menos para Marcela. Durante el día estaba ocupada y los días pasaban rápido. Samuel había puesto el departamento en venta y esperaba llegar en cualquier momento. Pero ella extrañaba su vida pasada y el recuerdo de los malos momentos vividos últimamente, le impedía pedirle a Asunción que reabriera el negocio. No quería ilusionarse pensando en su vida amorosa porque sabía que nada salía como esperaba. A veces los correos de Samuel la dejaban como vacía. Le parecía que él no iba a resultar una persona tan importante en su vida como Sergio. Al compararlos, el amigo de su niñez era como su alma gemela, aunque desde que se casó no lo veía de manera romántica sino como lo que siempre fue, un gran amigo. Desde el regreso de Asunción, no visitaba a Marisol, pero extrañaba su amistad porque era la única amiga que tenía. También visitaba de vez en cuando a su amiga de la infancia más por obligación e insistencia de ella, pues sólo hablaba de sus niños y los problemas que le traían. A Marcela la aburrían tantas quejas y siempre se marchaba aliviada de librarse de ella. Recién casada, su amiga le contó cosas íntimas de su vida matrimonial y cuando tuvo su primer hijo, le describió todo en detalle casi con morbo. Ser madre o casarse dejó por un tiempo de ser algo idílico para Marcela. En cambio, Marisol nunca pareció sentirse mártir por haber tenido un bebé. Marcela hablaba con ella y sentía empatía porque compartían principios en la forma de comportarse y tenían una mente abierta para adaptarse al lenguaje y la forma de hablar y actuar que la sociedad imponía. Aunque esto último, Marcela lo aceptaba a medias. Aún así, la vida seguía su curso y ella notaba que socialmente había tomado otro rumbo. Los clientes de la veterinaria eran diferentes a los del negocio con los cuales se había criado.

El día en que Dino debió dejar la veterinaria, su dueño fue a pagar el tratamiento y los días que el perro permaneció allí. Mario apenas salió de la escuela fue a buscarlo y llegó derecho a sacarlo de la jaula. Ya se sentía su dueño y le molestaban los consejos que Sergio le daba. Sólo escuchó con atención al dueño quien le dijo cómo cuidarlo. Dino estaba empezando su entrenamiento como perro de caza cuando tuvo el accidente. Había sido llevado al campo para relacionarlo con las perdices, pues se esperaba que fuera diestro cazándolas. Pero durante el aprendizaje no llegó a ver una sola. Quizás por el tiempo que estuvo en el campo no iba a querer estar muy encerrado o dentro una casa todo el tiempo. Marcela le explicó entonces al dueño, que Mario tenía una casa y un patio grande, y él respiró aliviado, pues temía que el animal quisiera escaparse.

-En este perro tienes un animal bastante adaptable, presiento que serás un buen amo-, dijo el hombre, y ya más tranquilo, le compró suficiente alimento para unos cuantos meses e invitó a Mario a subir a su camioneta. El perro aún renqueaba, pero Sergio aseguró que a futuro mejoraría un poco.

Ya a solas, Mario estaba tan emocionado que no sabía qué hacer. Recordó que su padre le había enseñado a entrenar a su otro perro y que a él le había costado dejar de tocarlo todo el tiempo. Le pareció oír a su padre decirle que un animal necesitaba sentirse querido, pero que a veces les gustaba estar solos para descansar. Quiso acariciar a su nuevo perro, pero se abstuvo de hacerlo y le mostró la cama que le había preparado. Luego, esperó ansioso a su madre para presentarle su mascota. Dino inspeccionó toda la casa antes de echarse cerca de la cama.

Mario había pedido un libro prestado en la oficina y buscó donde hablaban de los *epagneul* bretón, porque Dino pertenecía en parte a esa raza. Cuando tuvo el otro perro sólo le interesaba saber que era su mascota, pero desde que estaba en la veterinaria y había visto trabajando a Sergio y Marcela, decidió que algún día él también sería veterinario y sabría como ellos, todo lo relacionado con los animales. Decidió empezar por estudiar sobre los perros porque como le había dicho Sergio, ser dueño de uno requería conocerlo a fondo.

Durante varios días todo fue rutina tanto en la oficina como en la casa. Asunción alquiló el negocio y al hotel empezaron a llegar huéspedes. Samuel no paraba de comentar sobre lo que había aprendido respecto al mundo canino. Marcela se hartó de leer lo que ya sabía y le preguntó a Samuel lo que le preocupaba. Tenía que saber si él estaba preparando otro artículo sobre perros, aunque no le dijo que ella desconfiaba un poco que estuviera tomando ventaja de sus conocimientos. Samuel le dijo que su interés obedecía a que quería hablar con ella de un tema que ambos supieran; un perro los había separado al comienzo de su relación y esperaba que otros los unieran. Algún día pensaba tener uno y quería elegirlo bien. No le dijo que había sentido un poco de celos de su empatía con Sergio cuando conversaban sobre temas comunes, él quería ese tipo de entendimiento entre los dos. Además, las veces que coincidían en algún tema de conversación, se comprendían mejor y no discutían. Marcela sintió que empezaban a tejer una comunicación entre ellos y que tal vez eso los haría disfrutar más el uno del otro.

Dos días más tarde, Samuel anunció que había recibido una oferta de compra para el departamento y que eso aceleraba su llegada a Santa Catalina, pues allí lo esperaban para empezar su nuevo trabajo. Marcela pensó que lo que más le urgía no era verla a ella sino empezar un nuevo trabajo. Por un momento se entusiasmó y se dispuso a esperarlo, pero cuando se trataba de él se convertía en una persona insegura y no podía dejar de sospechar. De manera que decidió dejar de revisar el correo y siempre que él llamaba preocupado y le preguntaba por qué no contestaba sus mensajes, ella mentía y daba excusas inverosímiles.

Un día, para no tener que contestar el teléfono decidió visitar a Isabel después del trabajo. La encontró en un sillón enferma. Marcela no tuvo que esperar mucho para saber que

Torbellino, que nunca pudo aprender a evitar saltar sobre las personas que entraban por la puerta, esperó a Isabel una vez que ella se ausentó por varias horas, y la recibió tan excitado que la hizo caer al suelo. El golpe fue tan fuerte que debió ir al hospital. Ante la mirada de preocupación de Marcela, Isabel le dijo que ahora tenía al perro lejos de la puerta. El perro seguramente, reconoció la voz de Marcela y ladró con furia.

-No lo puedo controlar, he llegado a la conclusión que es un perro demasiado grande para tenerlo dentro de casa, aunque me parece injusto permitirle al terrier estar adentro y no a el.

Marcela la escuchó preocupada. Isabel no dejaba de repetir cuánto lo sentía. Quería mucho al animal, pero éste necesitaba un amo fuerte y lleno de vida, y a ella le faltaba tiempo y fuerza para atenderlo. Después de un rato, Marcela tomó la decisión precipitada de llevárselo con ella y tranquilizó a la anciana diciéndole que siempre estuvo arrepentida de no haberse quedado con él cuando lo encontró.

Enseguida lo fue a buscar y le hizo señas de no moverse. En la veterinaria estaba aprendiendo a tratar a los animales. El perro estaba expectante y con ganas de saltarle encima, pero Marcela lo invitó a acercársele y le pasó la mano por el lomo.

-Sigues siendo un tonto que nunca aprende, debes crecer y dejar de portarte como un cachorro.

En el camino a casa, Marcela pensó mil razones para convencer a Asunción de dejarlo quedar con ellas, pero por experiencia sabía que no siempre todo resultaba como imaginaba, así que decidió enfrentar la situación cuando estuviera frente a Asunción.

Aprender a soportarse

Capítulo diez

Samuel estaba desconcertado y llamó a Marcela. Asunción contestó y él le confió que estaba preocupado y no lograba entender los cambios de temperamento de Marcela. Pasaba de ser una persona muy agradable a todo lo opuesto. Asunción quiso decirle lo que suponía que estaba pasando, pero pensó que no estaba bien meterse en algo tan íntimo. Sólo le dijo que cuando hablara con Marcela le contaría respecto a sus preocupaciones, pues no estaba segura de darle su opinión sobre algo que sólo intuía. Samuel le comentó entonces, que ya había vendido el departamento y estaba listo para viajar, pero las dudas lo hacían dudar si estaba actuando precipitadamente. Asunción le aconsejó seguir con sus planes, aunque aclaró que lamentaba no poder ayudarlo y que sólo podía decirle que su sobrina no le hacia ninguna confidencia.

-Yo sé por experiencia que los romances a larga distancia nunca funcionan, pero puedo decirle que ella lo ama. Nunca fue de tener novios y el que lo considere como tal es señal de que siente algo por usted.

A Samuel lo desconcertaba la formalidad con que siempre hablaban las dos mujeres. Pero al colgar se sintió más aliviado.

Marcela escuchó hablar a Mario tan entusiasmado que no se animó a interrumpirlo. Desde que lo vio la primera vez había cambiado bastante. De aquel niño amargado e inseguro no quedaba mucho, ahora se veía feliz. Marcela lo recogía los días en que iba a la veterinaria y en el recorrido conversaban sobre su madre, la escuela y su perro, pero ese día no dejaba de mencionar al hombre que le había regalado a Dino. Él lo había invitado a cazar, pero Marcela se preocupó.

-¿Estás seguro que dijo que te enseñaría a usar una escopeta?- El afirmó y ella le dijo que era muy pequeño para usar un arma de fuego, pero él dijo que sería responsable.

-Eres un niño, ¿cómo sé que tendrás cuidado?

-Tú eres como mi madre, siempre te preocupas por todo. Claro que tendré cuidado. Todas las mujeres son iguales, siempre tienen miedo.

-Un momento jovencito. Nos estás faltando al respeto-.
Marcela le dijo que a ella nunca le habían gustado las armas.
-Sólo sirven para matar y además, me da lástima que maten
a cualquier animal. Si tú quieres ser veterinario lo primero
que aprendes es a salvar vidas y no a ponerles fin-. Mario no
contestó y llegaron en silencio a la casa.

El lunes Mario le contó que habían pasado a buscarlo.
Enviaron al chofer y él llevó a Dino porque su ex-dueño le
pidió que lo llevara pues quería saber si llegaría a ser un buen
perro de caza.

- Yo le dije que no quería aprender a cazar porque quiero
ser veterinario cuando grande. Él me dijo que eso no tenía
nada que ver. Rió y me dijo que quizás era un cobarde, pero
yo dejé que pensara lo que se le diera la gana.

Marcela lo miró con admiración. A veces cuando hablaban
era como si la diferencia de edad no existiera entre ellos.
Recordó las conversaciones que tuvo con Sergio cuando era
niña. De regreso, condujo despacio porque le gustaba hacerlo
para revivir pasajes de su infancia. Era como si no pudiera dejar
de recordar y deseara vivir fragmentos de su vida pasada.

Al llegar a la casa se enteró por Asunción que Samuel
llegaría en tren porque eso le facilitaba traer más cosas

consigo y tenía objetos personales que prefería llevar con él. Marcela quedó en silencio y pensó cuáles serían esas cosas tan importantes. Luego dejó la sala y su tía le gritó que él llegaría el lunes al mediodía y que esperaba que lo fuera a buscar a la estación.

Para matar el tiempo, Marcela decidió ir a visitar a Isabel con Torbellino. Invitó a Asunción y ella en un comienzo no aceptó, pero sorpresivamente cambió de opinión. El perro se portó bien y disfrutaron un buen rato juntas, después de que Isabel se recuperó de la sorpresa de verlas llegar sin avisar. Era como si de pronto, todos empezaran a comportarse con ciertas libertades que no existieron en el pasado; como si el barrio estuviera integrándose al ritmo de vida del resto de la ciudad y todos lo aceptaran sin darse cuenta, aunque algunos sólo a medias. La prueba de ello fue Asunción cuando le sugirió a su sobrina buscarle una habitación a Samuel en otro hotel. Marcela le respondió con asombro que no veía por qué si el cuarto de huéspedes estaba vacío. Pero Asunción se negó a aceptarlo en la casa o en los cuartos del hotel. Las dos intercambiaron argumentos por un rato y finalmente, Asunción dijo con firmeza que no quedaba bien que la pareja viviera bajo un mismo techo antes de casarse. Por más que

Marcela expuso su punto de vista y mencionó lo ridículo que le parecía todo, pues Samuel ya había estado en el hotel cuando estuvo sola, su tía no dio el brazo a torcer.

- En casa sólo dormirás con él cuando estén casados. Ridículo o no, esa también es mi casa y yo no quiero oír ninguna crítica a mi sobrina. Isabel las miró tratando de entender por qué discutían en su casa, ellas cayeron en cuenta y se disculparon. Al despedirse, Isabel le dijo al oído que Asunción tenía razón. Marcela salió seguida de su tía y pensó que nunca entendería por qué las personas mayores se preocupaban tanto por el «qué dirán».

Al final se dio por vencida. El lunes llegó a la veterinaria y anunció que sólo trabajaría dos horas porque debía buscar una habitación para su novio e ir a recogerlo a la estación.

-¿Porqué una habitación, acaso no tienen ustedes un hotel?

-Tú conoces bien a mi tía.

El tren se atrasó y a Marcela le molestó la demora porque eso la ponía más nerviosa. Hizo un gran esfuerzo para evitar fantasear e imaginar qué haría al verlo. Se controló y trató de pensar en otras cosas. Había aprendido que nada ocurría como lo imaginaba.

Al final, oyó el ruido del tren que hacía temblar la tierra. Era un tren común. El maquinista no calculó bien y tuvo que retroceder para dejar a los pasajeros en la plataforma. Samuel fue el ultimo en bajar. Llegó cargado de cámaras y cajas. El maletero se acercó para ayudarlo. Cuando se aseguró de tener todo lo suyo, se acercó a Marcela, cuyo cerebro hervía con tantos pensamientos encontrados. La saludó con un gran abrazo. En el automóvil, Samuel se asombró cuando Marcela se dirigió al centro, ella lo notó y recordó que no le había dicho que lo llevaría a un hotel. Samuel se molestó, pero no dijo nada. Ella lo dejó en la habitación y le dijo que debería darse un baño porque ella sabía que en esos viajes se acumulaba bastante tierra.

En la casa, Marcela esperó impaciente que la llamara, pero luego decidió ir a buscarlo, aunque estaba cansada y de mal humor. Fueron a un restaurante donde estaban por cerrar porque la hora del almuerzo ya había pasado. Lo único que pudieron comer fue un bocadillo. El parecía animado y no dejaba de hacer proyectos. Empezaría a trabajar inmediatamente y esa misma tarde, iría a la inmobiliaria para buscar un departamento. Ella se dio cuenta que no la incluía en sus planes, pero no dijo nada. Estaba demasiado aturdida para reaccionar y decidió mantenerse callada. Miró la hora y le dijo que debía ir a trabajar. Esperó que le pidiera que lo acompañara a la inmobiliaria, pero como no dijo nada, asumió que no iba a incluirla en algo tan importante como la elección de su futuro hogar.

-Hablamos más tarde y te cuento si veo algo que me guste-.

Desconcertada, Marcela se preguntó si realmente estaría pensando casarse con ella porque la amaba o tal vez creía en esa historia de que el hombre de la gran ciudad busca novia en un pequeño pueblo para encontrar a una mujer criada como la esposa perfecta, es decir, abnegada, dispuesta a ser buena ama de casa, y sin salir a ganarse el sustento de la familia. Supuso que su idea de mujer casada correspondía al rol que las mujeres han desempeñado por generaciones. Y mientras más pensaba, mas segura estaba de no equivocarse.

Cuando estaba llegando al trabajo recordó que debía recoger a Mario y se devolvió furiosa. «¡Vaya, manera de empezar un acercamiento!», pensó y no supo si aplicar el dicho que dice: «cuando algo empieza mal, tarde o temprano se compone». Pero al ver a Mario se sintió mejor. El niño miró el reloj que le regaló Sergio y le dijo a Marcela que era la primera vez que ella llegaba tarde y que había alcanzado a preocuparse. Ella le respondió que siempre había un primer día para todo y mentalmente deseó que fuera el primero y el último en su vida metódica. Ella siempre se había impuesto reglas como la puntualidad; evitar actuar precipitadamente, aunque siempre lo hacia; y pensar en los demás. Se sintió mal que su pequeño amigo se hubiera preocupado, pero a la vez le molestó que le hiciera una observación a manera de reproche.

Esa tarde fue como tantas otras, dedicadas a la belleza perruna. Mario ya estaba adquiriendo experiencia en el baño y secado, aunque le costaba dificultad cortarles las uñas. El temor de herir o causarle dolor al animal lo ponían un poco nervioso. Siempre que terminaba de atender a un perro recibía algún elogio de Marcela o Sergio. Ese día atendió a la mascota de una mujer que nunca quedaba satisfecha, pero el niño se aseguró de seguir todas las indicaciones para hacer un buen trabajo. Miró a Marcela a la espera de su aprobación, pero ella se mantuvo taciturna. El niño le preguntó entonces qué le pasaba y ella le dijo que tenía problemas.

-¿Me los contarás? Yo te cuento cuando los tengo. ¿No será que estás enojada porque fui al coto de caza? Ya te dije que no toqué ninguna escopeta.

-No Mario, no tiene nada que ver contigo. Algún día te contaré si logro entender lo que me preocupa.

En ese momento, entró un hombre seguido de un niño que traía en sus brazos a un perro asustado. El animal olía muy mal y cuando Marcela les ordenó ponerlo sobre la mesa, aulló de dolor. El hombre contó que lo habían encontrado frente a su casa, mojado y temblando, pese a que no era un día frío. Ellos lo recogieron y preguntaron por una veterinaria y la gente los condujo hacia donde ellos. Sergio no se encontraba porque los días en que se dedicaban a bañar perros, él visitaba las casas o las estancias. Marcela trató de localizarlo y lo esperaban, revisó al animal y llegó a la conclusión de que el problema era demasiado pelaje. Como era tan lanudo, probablemente nunca había recibido un baño ni corte ni peinado y eso lo había enredado hasta el punto que cada vez que se movía recibía los tirones que lo hacían aullar de dolor. Además, la causa de estar mojado quizás se debía a que alguien le arrojó agua cuando el perro trató de encontrar algo para comer en las canecas de basura o en alguna casa a donde entró para robar alimento. Cuando Sergio llegó, todos se alegraron y lo pusieron al tanto de la situación. Luego sacaron al hombre y al niño de la sala, y trataron de calmar al perro. Le dieron un baño, le cortaron el pelo y así lo libraron del dolor que parecía insoportable. Sin embargo, cuando intentaron hacerlo parar, el animal estaba débil y no podía sostenerse en sus patas. Por esa razón, le recomendaron al hombre que lo dejara para alimentarlo un poco. Como no era un perro viejo, tenía esperanzas de recuperarse. El niño estuvo a punto de llorar cuando Sergio aconsejó llevarlo después a la Sociedad Protectora de Animales. Le suplicó a su padre que no lo hiciera, porque en la televisión había visto que allá no daban abasto con tantos animales sin dueño. El padre preguntó cuánto costaba la atención en la veterinaria y decidió dejarlo en manos de Sergio.

-Después veremos qué hacer-, dijo.

-¡Por favor! padre, ahora soy más grande y sabré cuidarlo.

-Eso dijiste años atrás, no cumpliste y tuvimos que devolver al gato que te regalamos, y no olvidemos los peces que dejaste morir.

-Ahora estoy más grande, verás que lo cuidaré bien.

-Si logras convencer a tu madre lo aceptaré, ya sabes que ella no quiere animales en la casa, además es un perro de la calle.

Salieron abrazados. Mario los vio salir y se admiró de no sentir los celos que siempre lo afectaban cuando veía a padre e hijo juntos. Pensó en contarle a su madre que estaba creciendo porque las cosas las entendía mejor. Durante el trayecto a su casa le comentó a Marcela que suponía que el niño debía estar feliz porque se entendía con su padre. Y que por primera vez, él se había alegrado de ver un lazo entre padre e hijo sin preguntarse por qué el destino le había negado ese amor, aunque lo recibiera de su madre. Luego, le dijo que el perro debía sentirse muy solo y asustado en la veterinaria, pero que le tranquilizaba que Sergio iría a echarle un vistazo en la noche. Marcela le contó que el problema del perro era una debilidad enorme por falta de alimento. Después de haberle cortado el pelo, sentía menos dolor, pero iba a ser difícil devolverle la confianza en los humanos, si era que alguna vez la había tenido.

Al dejar a Mario, recordó que había olvidado de nuevo a Samuel y atribuyó eso a que él siempre la hacía sentir de mal humor y por eso lo borraba de su mente. Lo encontró esperándola a la entrada del hotel y su enojo desapareció tan pronto ella le explicó lo sucedido.

-Cuando nos casemos deberás dejar ese trabajo. Será suficiente que yo me sacrifique. No quiero que siempre estés muy ocupada. Seguro que los deberes de la casa no te van a dar tiempo para buscar obligaciones fuera del hogar. Yo quiero ser la única responsabilidad en tu vida-. Marcela no lo dejó terminar de hablar, tuvo temor de perder la compostura y apenas encontró donde estacionar detuvo el auto. Lo miró y le gritó que ella no tenía intención de dejar de trabajar y que si quería a alguien que lo atendiera, lo mejor era que empezara a buscar una empleada doméstica porque ella no pensaba pasar el resto de su vida limpiando y obedeciendo sus órdenes. Sintió que le temblaba la voz y él trató de calmarla y le dijo que hablarían al día siguiente porque quería mostrarle un departamento que había visto. De nuevo discutieron y como Marcela se alteró, él pidió tomar el volante.

-Estoy bien y puedo conducir, pero ¡por favor!, en el futuro hagamos las cosas juntos. Si vamos a casarnos, acordémonos que una pareja la forman dos personas y ambas tienen derecho a decidir lo que desean hacer.

Llegaron a la casa sin intercambiar palabra alguna. Asunción los recibió preguntándoles si no se habían dado cuenta que era tarde y que debieron haber llamado. Samuel se excusó y Marcela sintió como si últimamente la vida estuviera poniéndola a prueba. En cierto modo, ella le estaba haciendo a su tía lo que no aceptaba que le hicieran a ella. Asunción tenía razón en que debieron llamar.

Su tía creó una atmósfera agradable en torno a la mesa y tuvieron una buena velada. Después de comer, Marcela buscó a Torbellino. A su tía no le gustaba que el perro estuviera con ellos mientras comían. «Hay una hora y un lugar para comer, tanto para los humanos como para las mascotas», decía. El perro hacía honor a su nombre, apenas Marcela abrió la puerta, entró exaltado y tomó a Samuel por sorpresa y lo hizo caer. Asunción le gritó y éste se quedó mirando a Samuel como si no entendiera por qué estaba en el suelo.

-Te ves muy cansada-, le dijo Samuel a Marcela camino al hotel. - Hablaremos mañana-.

Ella se alegró de no tener que volver a discutir porque le iba a costar hacerlo entender cuánto la hería cuando la trataba de esa manera y se portaba como un machista consumado.

Los días siguientes todo fue rutina. Marcela fue viendo cómo el perro recuperó fuerzas. Sus nuevos dueños no habían logrado que la dueña de casa aceptara tenerlo y por eso aún se mantenía en la veterinaria. Padre e hijo pensaban que en las condiciones que estaba el pobre animal, no lograrían convencerla de que aceptara, aunque esperaban hacerlo una vez le creciera y lograra aumentar de peso. Por su raza creían que sería pequeño, inteligente y amigable. Aunque por su situación se había convertido en un perro desconfiado, que no se dejaba tocar y daba chillidos cada vez que alguien lo cargaba. Nada de eso hizo cambiar de opinión al niño, quien esperaba probar que él era la persona ideal para cuidarlo y transformarlo en un gran amigo. En la veterinaria lo pusieron al tanto de lo que esperaban de un perro se su raza. Era un *swergspitz* [*spitz* en miniatura]. En países de habla hispana se conocían como pomerones, palabra derivada de Pomerania, región alemana-polaca cerca del Báltico, de donde eran originarios. Anteriormente eran más grandes y se les utilizaba para trabajos de campo y como perros de tiro. Se expandieron por toda Europa y en Inglaterra adquirieron el porte pequeño. Esa estatura no fue muy apreciada porque perdían su condición como perros de caza o ayuda en el trabajo. Los que nacieron muy pequeños, fueron sacrificados hasta que un criador sagaz los salvó cuando notó que eran igual de inteligentes. Así, terminaron por ser la mascota preferida en las cortes y luego, como compañeros de los niños.

-Este animal es un poco más pequeño probablemente porque estuvo desnutrido en época de desarrollo. No sé cuánto tardará en perder el miedo, pues está muy traumatizado, pero cuando se cure sicológica y corporalmente tendrán una buena mascota, vivaz y amigable.

Todos los días, padre e hijo lo ponían a caminar dentro de la veterinaria. Al comienzo debieron soportar los chillidos del animal, sin comprender si era producto del miedo o del dolor al tocarlo. Todos estaban pendientes y se turnaban para cuidarlo. Cuando Sergio comentó que era de pedigrí, el padre se sorprendió porque supuso que sus antiguos dueños eran ricos. Sergio notó su expresión y dijo que en los mejores hogares el maltrato de animales también existía y que a veces, gente pobre tenía animales de raza sin saberlo. Y como el hábito no hacía al monje, no importaba cuán pura fuera su raza, pues en su estado era imposible catalogarlo.

Marcela anduvo muy ocupada. Tuvo que ir sola al canal de televisión porque Sergio debió visitar las estancias, ya que era período de gestación y tanto algunas vacas como las ovejas dieron a luz con dificultad. En el pasado, ese trabajo lo hacían los peones o puesteros, pero después los hacendados se dieron cuenta que era menos problemático y más barato llamar a un veterinario, que dar techo y comida a tantos trabajadores. Además se sentían seguros con un profesional y también cada vez eran más escasos los hombres de campo que nacían y se criaban en los establecimientos rurales, pues la juventud no soportaba la soledad, el clima y la falta de comodidades en los ambientes rurales. Con el progreso llegaron las maquinarias y los motores que facilitaron el trabajo en el campo. Eso redujo el personal en las estancias, donde ahora sólo vivían algunos peones o jardineros.

Sergio nunca pensó estar tan ocupado y por eso decidió buscar un socio veterinario que lo ayudara. Entre tanto, Marcela debió afrontar todo el trabajo. Terminaba tan cansada, que de mala gana acompañaba a su novio a ver los departamentos y nunca le gustaban. Asunción le hizo notar que tal vez ella prefería vivir en una casa. Marcela le comentó a Samuel y eso los llevó a pelear nuevamente porque él dijo que no podía imaginarse viviendo en una casa. Ella le dijo que en la mayoría de los departamentos no aceptaban animales y que ella no pensaba deshacerse de Torbellino. La expresión de Samuel la hizo pensar que él aún no era muy amigo de los perros. Finalmente, ambos se calmaron y como otras veces, decidieron continuar discutiendo otro día.

-Hablaremos cuando estemos más calmados. Avisaré a la inmobiliaria que buscaremos casas y departamentos.

Esa noche a solas, Samuel se sintió tan frustrado que deseó volver a la capital. Había dejado atrás a sus amigos de toda la vida y la idea de vivir en un lugar idílico se había desvanecido. Viviendo en el centro de la ciudad, comprobó que Santa Catalina no difería en nada de una ciudad grande. Hasta entonces la inmobiliaria no le había mostrado casas en el barrio Correntoso, tal vez porque imaginaban que él buscaba un lugar distinto. Su ilusión de tener una esposa amante del hogar como había imaginado a Marcela, también se había borrado. Al no encontrar nada que lo hiciera sentir satisfecho, trató de imaginarse retomando su vida anterior, pero no podía volverse atrás. Afloraron entonces, los pocos momentos felices y tranquilos al lado de su novia y comprobó que la amaba. Aunque se resistía a aceptarlo, ella tenía razón, él había planeado todo sin consultarla. Se acostó pensando en hablar con ella al día siguiente. Sabía que debía hacerlo midiendo sus palabras porque no deseaba discutir más.

Marcela sin la ayuda de Sergio, siguió presentándose en la televisión una vez por semana. Invitó a algunos miembros del la Asociación Protectora de Animales y por ellos se enteró que la crueldad contra los animales estaba creciendo de manera desmedida. Ellos descubrieron un lugar donde estrenaban *pit bull* para pelear. La policía hizo un allanamiento y con sorpresa encontró que los animales se atacaban salvajemente y sus dueños los animaban. Describieron el espectáculo como algo primitivo y salvaje. La pelea de perros era castigada severamente por la ley.

-Nos enteramos cuando encontramos muchos de esos perros muertos en distintos puntos de la ciudad. También tuvimos un caso de alguien que encontró a uno de ellos agonizando y lo llevó a su casa para ayudarlo, pero el perro lo atacó y hubo que matarlo. Eso alertó a las autoridades, pero fue difícil encontrar a los entrenadores. También hubo un caso de una secta religiosa que ejecutaba animales de la forma más cruel que un ser humano pueda imaginarse.

Después del programa Marcela se fue a la casa porque se sentía cansada física y emocionalmente. Asunción a veces la veía llegar triste y cansada y le decía que estaba abusando de sus fuerzas. Trabajaba todos los días y en horas extras se dedicaba a los programas de televisión y radio. Marcela le respondía que si habían logrado que la televisión y la radio les dieran un espacio para educar a la gente, no iba a desaprovecharlo.

Como Marcela no fue a buscarlo para almorzar, Samuel decidió ir a su casa. Asunción le abrió la puerta y lo invitó a comer. Le dijo que su sobrina estaba muy cansada y que era un problema la obsesión que tenía por tratar de ayudar a cada perro que encontraba. Mientras conversaban, notaron que los dos tenían algo en común, amaban a Marcela.

Como Marcela llegó tan agotada, se quedó dormida y cuando despertó sobresaltada, recordó su cita con Samuel. Entonces, se levantó y salió corriendo, pero oyó que su tía hablaba con alguien y se detuvo en la cocina para despedirse. Vio a Samuel y se asombró, pero pensó que quizás lo había invitado a almorzar y lo había olvidado. Él no dijo nada, sólo corrió una silla y le hizo señas para que se sentara. Los tres mantuvieron una conversación amigable.

Al día siguiente, padre e hijo fueron a buscar al perro, que ya se veía distinto con el pelo un poco más largo. El niño un poco aturdido lo sacó de la jaula y lo alzó, pero el animal aulló. Mario entonces se encargó de explicarle cómo cuidarlo. Le recomendó tener paciencia y repitió todo lo que había oído de Marcela y Sergio. Se sentía seguro y hablaba al niño como si fuera mayor, pese a que tenían casi la misma edad.

-¿Cómo sabes tanto?-, le pregunto el niño y él le dijo que trabajaba ahí. El niño hizo un gesto de admiración y Mario se sintió feliz de darle una mano. También le contó que tenía un perro grande.

-¡Vamos doctor!-, bromeó Marcela. Y cuando el perro salió con sus nuevos dueños, ellos comentaron que lucía mejor.

Samuel fue a buscarla a la veterinaria y le dijo que era un día feliz. Juntos dejaron a Mario en su casa y luego fueron a reunirse con el agente de la inmobiliaria para ver una casa. La vivienda tenía un patio enorme, dos garajes y todo lo que ella había soñado. Cuando entraron los atendió una mucama y los dejó en la sala en compañía del vendedor. Luego salió para avisarle a su patrona.

Esperaron un poco y al rato, apareció una mujer. Con sorpresa vieron que era una de las «ofendidas». Se miraron y esperaron un gesto de odio de parte de ella. La mujer los reconoció pero no dijo nada, tampoco ellos. Les mostró la casa. Era grande, lo que Marcela había imaginado. Todo lo que vieron les gustó. La casa era vieja, pero tenía una estructura firme. Había sido remodelada y aunque no cambiaron la fachada, por dentro tenía todas las comodidades necesarias. Ninguno hizo algún comentario, sólo afirmaban con la cabeza cada vez que la mujer les mostraba o explicaba algo. Al final del recorrido volvieron a la sala y Samuel le pidió que los dejara solos. La mujer, siempre amable pero fría, salió seguida del vendedor y cerró la puerta.

-¿Nos habrá reconocido?-, dijeron casi al mismo tiempo. Ambos estuvieron de acuerdo en que la casa estaba bien. Marcela temió preguntarle a Samuel si tenía suficiente dinero para comprarla. Aunque él ya sabía que ella recibiría una suma considerable cuando Asunción vendiera. Como Samuel lucía intranquilo, Marcela pensó que la pregunta podía herirlo. Pero a él le preocupaba que la mujer no quisiera venderles, pues recordó su mirada de odio en la Corte, pero no dijo nada. Juntos repitieron que no había motivos para no comprarla. Después, el vendedor les preguntó cómo les había parecido y ambos le expresaron al tiempo que les había gustado. Como la mujer empezó a sentirse incómoda, Samuel dijo que le parecía haberla visto antes.

-Sí, creo que nos conocemos.

Luego acordaron que ellos lo pensarían y tomarían una decisión esa misma noche. Al salir, fueron donde Asunción a darle la noticia. Le contaron que temían que la dueña de la casa se echara atrás y no quisiera venderles. No sabían que esperar de ella por la forma en que se había comportado. Decidieron ver la casa de nuevo al día siguiente y se retiraron a dormir temprano porque estaban cansados.

Al otro día hablaron y Samuel dijo que casi podía comprar la casa de contado, pero que le faltaba un poco para completar la cifra establecida. Asunción dijo que con la venta de la casa, Marcela podía poner el dinero faltante y así no sería necesario pedir un préstamo, el cual de hecho nunca había solicitado. Samuel la miró sorprendido y Asunción continúo diciendo lo que les convenía. Marcela también estaba asombrada porque su tía había logrado que Samuel aceptara la propuesta sin objetar nada.

Todos se encontraron con el agente de bienes raíces frente a la casa y entraron juntos. La mucama los anunció y la mujer entró un poco preocupada. Marcela pensó que les diría que no quería vender, pero ella los miró inquisitivamente y pareció sentirse incómoda frente a Asunción. Pero su tía como ya se había enterado que la mujer se hizo la desentendida, actuó como si tampoco la hubiera reconocido. Cuando Marcela y Samuel le hicieron saber su decisión de comprar la casa, la mujer pareció aliviada. Llenaron algunos papeles y acordaron firmar el contrato al día siguiente. Antes de salir, la mujer quiso saber si la habían reconocido y ellos le dijeron que sí. Ella les pidió perdón, avergonzada y dijo que le habían aconsejado entablar un juicio porque al final podía hacerse a una buena suma de dinero y de esa manera no perdería la casa. Ese era el único hogar que conocía y no podía imaginarse viviendo en otro lugar. Se puso a llorar y todos trataron de consolarla. Por un segundo, Marcela deseó no haber entrado en la casa. Pensó en decir que la casa no le gustaba o simplemente, desistir de comprar. En pocos segundos, la mujer se había convertido en una persona vieja y desolada, sin embargo sacudió la cabeza con rabia y con ese gesto borró sus pesares y volvió a ser la mujer de alcurnia, educada para ocultar sus flaquezas, Los invitó entonces a tomar un café. Ellos trataron de negarse, pero ella de inmediato llamó a la mucama y se sentaron a la mesa donde no pudieron dejar de admirar la loza y la platería fina. Luego, al despedirse les pidió perdón. Asunción no pudo ocultar su genio y le aconsejó a futuro dejar de obrar como lo había hecho. La mujer fingió ignorarla y les pidió que la esperaran unos días porque tendría una subasta y luego, algunos parientes terminarían por llevarse lo que quedara.

Al día siguiente, después de firmar los papeles y recibir las llaves de la casa, todos fueron a cenar a la casa de Sergio y

Marisol, quien sugirió un brindis por la nueva casa. Sergio les dijo que ya habían dado el primer paso y preguntó cuando sería la boda. Con sorpresa Marcela cayó en cuenta que aún no había elegido fecha. Estaban aprendiendo a dejar de herirse con palabras, pero aún les faltaba bastante. Ante el entusiasmo de los demás, trató de ser optimista y sonrió. Casarse no significaba que debían llevarse bien o entenderse. Conocía algunos matrimonios que habían llegado al altar creyendo conocerse, pero que no tardaban en darse cuenta que no habían nacido el uno para el otro. Ellos que se hirieron desde el primer día en que se conocieron quizás lograrían una armonía después de vivir juntos. Pero faltaba tiempo para ver qué sucedería. En ese momento no podía pensar y tontamente, dijo que Sergio tenía razón en poner una fecha y todos volvieron a brindar.

¿Final Feliz?

Capítulo once

Fueron días muy ocupados en que todo giró en torno a la nueva casa, la fecha de la boda, la venta de la propiedad de Asunción y su mudanza a la capital. Marcela y Samuel buscaron también un nuevo automóvil, pues él ya no quería uno deportivo como los que siempre había tenido. Asimismo, debieron amoblar la casa, y Marcela, solucionar los problemas de los animales en la veterinaria, donde ya no daban abasto porque cada vez más, los perros terminaban heridos en las peleas callejeras. La pareja llegó a pensar que habían hecho mal en comprar una casa tan grande, lejos del centro y un poco aislada. Pero no dieron el brazo a torcer y siguieron adelante con los planes.

Un lunes Marcela recogió a Mario y lo encontró preocupado. Le dijo que no iría a trabajar. Marcela lo miró intrigada y decidió averiguar la causa de su descontento. Después de muchas preguntas, oyó a Dino ladrar dentro de la casa. El perro siempre los miraba partir desde la ventana. Marcela le preguntó si tenía algún problema con el perro y el niño le contó que lo había llevado con él cuando visitó al hacendado y que éste le había dicho que lo quería de vuelta y le ofreció suficiente dinero para comprarse otro, pero él se negó porque había sido un obsequio y sólo ellos sabían cuánto lucharon para que sobreviviera. Ese día, al llegar de la escuela, había encontrado una nota del hacendado donde le decía que iría a buscarlo. Marcela actuó como lo hacía siempre que no tenía mucho tiempo para tomar una decisión y sugirió llevar al perro a la veterinaria. Dino subió al auto y se sentó en los asientos de atrás como fue entrenado, pues no era seguro viajar con un animal adelante porque era imposible predecir cómo actuaría éste. Durante el trayecto animó al niño y al llegar enteraron a Sergio del asunto. Él estuvo de acuerdo en que Dino pertenecía al niño. Ellos fueron testigos cuando el dueño se lo regaló, argumentando que un perro en su estado no le convenía.

-Claro, ahora que lo ve recuperado, lo quiere de vuelta-, dijo Sergio y les aconsejó esconderlo en el patio de atrás y no llevárselo hasta que decidieran qué hacer.

Al día siguiente, el hacendado fue a casa de Mario y lo encontró solo. Quiso obligarlo a que le devolviera el perro, pero el niño se negó y no le dijo dónde estaba. El hombre supuso que estaría en la veterinaria y se fue para allá. Apenas salió, Mario llamó a sus amigos para avisarles. El hombre entró demandando que le entregaran el animal y amenazó con llamar a la policía. Marcela le contestó que lo hiciera y le recordó que ellos eran testigos que él se lo había regalado al niño. Siguieron discutiendo y de repente el hombre empezó a abrir varias puertas buscando al perro hasta que lo encontró. Como Dino siempre había demostrado lealtad hacia su primer dueño, lo siguió sin problema. Marcela llamó a la policía y Mario llegó en ese instante jadeando. Cuando vio que el hacendado se llevaba a su perro, se puso histérico. Al rato llegó la policía, pero Sergio ya no estaba. Los hombres eran jóvenes y no entendían muy bien lo que sucedía en medio del desespero de las tres personas. Uno de ellos calificó la situación como un secuestro común y le devolvió el perro al niño. Después, todos fueron llamados al juzgado para exponer sus puntos de vista. El juez le preguntó al niño por qué estaba tan seguro que el animal le pertenecía y él le contó la historia y agregó que con mucho amor, él y las personas de la clínica lo habían curado. El juez dejó la sala para deliberar y al volver dijo que nunca había tomado una decisión tan difícil, pero que si Dino había sido recibido como regalo por el niño, el perro le pertenecía. Tuvieron que esperar dos días más para que les dieran el perro. El hacendado cuando vio el encuentro entre el niño y el perro, notó que se querían y al despedirse le tendió la mano a Mario y le pidió cuidarlo bien.

-Un problema solucionado-, dijo Marcela. - Ahora nos toca ver qué pasa con el problema de los perros en la calle. Esta vez los habitantes del centro de la ciudad se han unido a los de Correntoso. Ya no es una protesta contra la policía porque se lleva los perros, sino porque éstos se están convirtiendo en un peligro porque algunos tienen rabia. Tendremos un encuentro con los miembros de la Asociación Protectora de Animales y otro con la policía. Luego invitaremos a quienes quieran presentar sus quejas, tan pronto encontremos un lugar para reunirnos. En la televisión nos han invitado para hacer un programa y creo que será una buena oportunidad pues mucha gente se deja influir por lo que ven en la pantalla.

Los días siguientes tuvieron varias reuniones y Sergio y Marcela estuvieron a la cabeza. Marcela estaba agotada.

Además tuvo que ir varias veces a la modista para probarse el traje de novia y arreglar los asuntos de la fiesta. Mientras otras novias se sometían a régimen para lucir bien, Marcela debió hacer ajustes al vestido cada vez que se lo medía porque día a día perdía peso.

Con Samuel la situación mejoró, pues ella no tenía fuerzas para dar siquiera una opinión. Decidieron amoblar la casa poco a poco y Samuel pensó utilizar entre tanto, sus muebles del dormitorio. Marcela no quiso decirle que eran demasiado viejos y que ella quería todo nuevo en su cuarto matrimonial. Pensó en comprar algo a su gusto, pese a haber convenido consultar cualquier decisión. Fue sola a ver algunos muebles, pero no encontró algo que realmente le gustara.

Las personas que compraron la casa y el negocio a Asunción, pertenecían a un conglomerado y querían trasladarse lo más pronto posible. Verena quiso participar entonces en la mudanza para decidir qué debía conservarse de la vieja casa. Soledad, Marisol y Sergio, también ayudaron. Aunque Samuel nunca le cayó bien del todo a Sergio, si se entendió muy bien con Marisol. A veces cuando Marcela estaba en desacuerdo con él, sacaba a relucir la desavenencia delante de Marisol porque sabía que la opinión de ella si sería aceptada.

Era como el entendimiento que siempre existió entre Sergio y ella. El destino parecía haberse equivocado con las dos parejas y así se lo hizo notar a Asunción, un día que se encontraban de humor para hablar sin miramientos. Su tía le dijo que a veces los matrimonios donde ambos eran iguales, no duraba mucho porque la pareja se aburría. «La compatibilidad y la igualdad son dos cosas distintas», dijo. Marcela se quedó pensando y le dio la razón, pues a veces sus opiniones contrarias parecían acercarlos. Tal vez lo importante era no extremar las cosas, aunque ella notaba cierto machismo en Samuel que la sacaba de casillas. Le molestaba que él quisiera dominarla, pero a veces, en su afán de demostrarle que ella era una persona moderna con derechos e ideas propias, se dejaba llevar por las circunstancias y generalizaba todo. Debía aprender a reconocer cuando su novio trataba de dominarla o simplemente, quería abrirle los ojos frente a ciertos tópicos en los cuales estaba equivocada. Era como aprender un idioma nuevo, en el que todo era distinto. En todo caso, hubiera sido más fácil haberse casado con Sergio, ya que se conocían de tiempo atrás. En ocasiones le daban ganas de suspender la boda para estar más segura. Samuel le había propuesto tener relaciones sexuales antes de casarse. Él creía que algunos matrimonios no eran compatibles sexualmente y por eso terminaban en divorcio. Sin embargo, ella siguió firme en su idea de mantenerse virgen, aunque la idea de su virginidad la tenía sin cuidado. Algo la hacía sentir que si decidía serlo, era como demostrar que era una mujer liberal. Hacer algo por convicción no era ser terca o anticuada, sino demostrar que se hacía lo que se deseaba y no por seguir a los demás. Ante la propuesta de su novio, ella argumentó que si su destino era divorciarse nada iba a impedir que así sucediera. El se rió pensando que seguía las reglas de su religión, pues había sido criada como católica, aunque como tal no seguía todo al pie de la letra. Sólo se mantenía firme en cuanto a la virginidad, aunque a veces pensaba que si los hombres no hacían voto de castidad antes de casarse tampoco ella. Sin embargo, siempre llegaba a la conclusión de que hacer el amor era algo especial y quería que su primera vez no fuera casual. Y en cuanto al destino, pensaba que las cosas pasaban por distintos motivos o porque uno provocaba que ocurrieran así. Tampoco creía en promisiones. Eso provocó varias discusiones con Samuel, pero más que enfrentamientos era un intercambio de opiniones. Ella no lograba entender que para él era difícil seguir amándola sin poder expresarlo de forma total, pues para él el amor y el sexo se fundían en uno solo. Para ella en cambio, el sexo era la culminación del amor y por tanto, no podía darse como algo casual. Pero él seguía sin comprender su punto de vista y se preocupaba de no haber logrado despertar en ella la misma pasión que él sentía.

Ya próxima a la fecha de su boda, se sentía tan cansada que deseaba que ese día llegara. Creía que la única manera de librarse de todos los problemas que la acosaban era tener algo muy importante y así, dejar de llevarse por su afán de querer arreglar todo.

Finalmente, encontraron una persona para ayudar en la veterinaria, aunque a veces resultaba más fácil hacer el trabajo que enseñar a alguien. Pese a que la persona ponía empeño, el problema era que estaban sobrecargados de trabajo y no tenían tiempo de instruir a nadie.

Al comienzo de los preparativos para la boda, Marcela y Asunción descubrieron que no tenían muchos amigos, pero poco a poco fueron agregando invitados y terminaron con una lista muy larga. Cuando se enteraron que los padres de Sergio tenían pensado visitarlos también los incluyeron. Verena llegó unos días antes y lo primero que hizo fue sugerir invitar a Clara. Marcela se alegró, ya que era la primera amiga fuera de la familia, después de Isabel y Celia, su amiga de la niñez, quien aún vivía en Correntoso. Samuel también invitó a algunos amigos. Mario no pudo ser ignorado y por supuesto su madre tampoco.

En el lugar de la recepción se hicieron cambios hasta último momento. Todos trabajaron e hicieron toda clase de sugerencias a Asunción sobre el color de los manteles, las flores y la música. Las tías alcanzaron a mudarse a la nueva casa porque ya «Las tres hermanas» no les pertenecía. Marcela sintió un alivio de no estar sola con Samuel en la casa, pues en ocasiones le resultaba difícil no dejarse tentar por sus emociones. Hubo momentos en que estuvo a punto de echar por el suelo sus ideas y hacerle caso a sus hormonas, pero su terquedad se lo impedía y consideraba un triunfo salir airosa de la situación. En esos momentos se preguntaba si estaba siendo sincera o sólo estaba actuando como una niña caprichosa, pese a considerarse lo suficientemente madura. En todo caso, le inquietaba si era un capricho para probar que había muchas formas de ser una mujer independiente. Ella se había propuesto alcanzar su propósito, aunque le costara perder al hombre que amaba. Al final terminó pensando que las cosas estaban a su favor. Con las tías en la casa Samuel no se animaba a salirse con la suya y ella ganaba. Con tantos problemas encima, ella no había tenido tiempo de anticiparse mentalmente a la noche de bodas. Esperaría ese día para ver si viviría una noche especial.

Habían decidido ir de luna de miel a un lugar tranquilo por tres semanas. Marcela estaba tratando de solucionar un sinnúmero de problemas, aunque sabía que su ausencia traería más inconvenientes. Sergio no había logrado encontrar a alguien capaz de reemplazarla y Marisol debió apoyarlo en la oficina mientras alguien respondía al anuncio en que solicitaban a una secretaria y contadora, con experiencia en el cuidado de animales. Sin embargo, aunque redujeron los requisitos no lograron enganchar a nadie. El ayudante que tenían, cada vez se quejaba más de las exigencias que le hacían. A eso se sumaba el problema con los perros callejeros que sus patrones trataban de ayudar.

La gente se había reunido en la plaza principal en una manifestación muy grande, nunca antes vista antes en Santa Catalina. Sergio tomó la palabra y recalcó la importancia no sólo de pedir ayuda sino de la colaboración de todos para resolver el problema.

-Todo empieza en las casas cuando no se esteriliza a las mascotas. Hay personas que adoptan un animal y de pronto, atraviesan por problemas económicos, pero no tienen el valor para deshacerse de su mascota porque pasa a formar parte de la familia. Otras personas recogen animales en la calle pensando en regalarlos, pero no encuentran un buen dueño y siguen agregando otros a los ya existentes, hasta que un día comprueban que no tienen la fuerza para lidiar con semejante responsabilidad. Generalmente, estas personas ignoran que hay lugares donde puede pedirse ayuda y los animales terminan sufriendo. Todo eso debemos pensarlo para evitar el caos en que nos encontramos. También hay personas con problemas mentales que no tienen capacidad para cuidarlos y olvidan darles alimento. Otros son depravados que se sienten bien con un animal bajo su dominio y satisfacen su deseo golpeando o matando de hambre al animal indefenso. Puedo contar muchas historias, algunas demasiado repugnantes, pues esos problemas existen y debe educarse a la población para hacerla partícipe en caso de que encuentren un animal sufriendo. Debemos pedir al municipio conformar un cuerpo de policía para que se ocupe de los animales como ocurre en otros países. Este problema aqueja a otros animales pero en mayor parte a los perros. No olvidemos que el perro es el mejor amigo del hombre. Seamos nosotros también los mejores amigos del perro-. Las palabras de Sergio afirmaron la convicción de la gente. La mayoría no quería que se eliminara a los perros que andaban sueltos por la ciudad y abogaban por una solución distinta.

Luego Marcela tomó el micrófono y amplió el discurso de Sergio. Acusó también a las personas que tenían un perro no sólo para mantener alejados a los ladrones, sino porque les daba la gana y lo descuidaban, sin pensar que así como ellos necesitaban del animal, éste también necesitaba de sus dueños. Cerró su intervención satisfecha, pues aunque sólo repitió lo dicho por Sergio, logró realzar sus palabras. Muchos de los que habían ido a reclamar, terminaron uniéndose a la causa.

Marcela no se reconocía a sí misma; tan soñadora siempre anticipándose a los acontecimientos, estaba demasiado cansada para imaginar algo. El tiempo corrió inexorablemente. El día anterior a su boda, estuvo tan ocupada que se sobresaltó al llegar a la casa y ver el traje de novia colgado en la puerta del ropero de su cuarto. Hasta esa tarde tuvieron que hacerle algunos ajustes al vestido. «Sigues perdiendo peso», le dijo la modista. Verlo le recordó que al día siguiente debería ponérselo para marchar hacia el altar y convertirse en la señora Ortega. Pero decidió seguir usando su nombre de soltera, algo que estaba poniéndose de moda en el país. Las mujeres habían empezado a eliminar el «de», que se había usado por muchas generaciones, porque consideraban que eso daba un sentido de posesión y en el mundo moderno eso era obsoleto.

Las tías le aconsejaron descansar porque la veían exhausta y le esperaba un duro trajín al día siguiente. Ella les explicó que debió dejar todo en orden en la oficina y que por eso se mantuvo ocupada. Además, tuvo que darle un baño a Torbellino y hablar con los del canal porque una delegación de la Sociedad Protectora de Animales quería que ella y Sergio, estuvieran presentes al día siguiente en una reunión que sería filmada.

-No me digas que irás-, protestó Verena. Asunción movió la cabeza preocupada y a ellas se unió Soledad, quien había vuelto a hospedarse con ellas apenas se enteró de la boda. Marcela trató de tranquilizarlas diciendo que la reunión sería antes del mediodía y que era importante asistir porque de la Asociación dependía el apoyo para que el municipio aceptara la creación de un cuerpo de policía especializado en problemas de animales. Asunción llamó a Sergio para ver si él podía asistir a nombre de los dos, pero él dijo que la presencia de Marcela era importante porque ella había influido bastante en educar y mostrar al público el problema de Santa Catalina y otros lugares.

Torbellino solía seguir a su ama a todos lados y cuando ella se sentaba a platicar, se echaba a su lado. El perro estaba acomodándose para una siesta cuando sonó el timbre. Torbellino se levantó alerta y excitado, pero al ver a Samuel volvió a acostarse. Como fue reprimido tantas veces por tumbar a la gente, el perro había dejado de gastar energías y demostrar su alegría para dar la bienvenida. Samuel toleraba al animal, pero no le agradaba del todo y el perro parecía saberlo.

Samuel estaba dispuesto a amonestar a su novia por no haberse comunicado con él durante todo el día, pero al verla tan cansada decidió preguntarle de buen modo cuál era el motivo de su estado. Ella como siempre, empezó a nombrar todos los motivos que no le permitieron llamarlo. Verena bromeó y recordó que ella y su esposo eran tan unidos que la madre de Marcela y Soledad tuvieron que correrlo más de una vez porque él quería verla el día de la boda y era mala suerte que viera a la prometida antes del casamiento. Marcela rió porque las supersticiones le parecían graciosas. Soledad también rió, no porque éstas le causaran gracia sino porque Marcela trataba con indiferencia a Samuel, ya que él no le agradaba. Samuel también argumentó haber tenido un día muy ocupado y se retiró a descansar. Torbellino movió la cola contento de que se alejara.

La novia se levantó un poco tarde al día siguiente. Amaneció lloviendo y eso la puso de mal humor porque no le gustaban los días lluviosos, pese a que tuvo que soportarlos desde que vivía en Correntoso. Lo primero que hizo fue cancelar la cita en la peluquería para alcanzar a ir al canal de televisión y luego a la iglesia. Eso no la preocupó, aunque su cabello era grueso y pesado algo difícil de dominar. Cuando niña, Soledad era la única que lograba hacerle un peinado duradero, y estaba segura que ella la sacaría de apuros. Por algún motivo se levantó pensando en su pasado y el recuerdo de su madre le vino a la memoria. Se miró en el espejo y vio que se parecía a ella. Tenía el mismo cabello negro y rebelde que le daba personalidad. Los ojos azules los heredó de su padre, según la única foto que tenía de él, tomada el día de la boda. Su madre lucía muy joven y Marcela se preguntó como sería si estuviera viva. La imaginó en su cuarto hablándole y ayudándola a convertir ese día en algo muy especial. Estaba segura que la naturaleza se encargaba de crear vínculos especiales entre madre e hija. Ella siempre había amado a Asunción y en su interior sentía un deber hacia ella por haberla recogido. Nunca la oyó quejarse o que se hubiera arrepentido por haberle ofrecido su hogar. La crió con cariño, pero Marcela creía que era un amor distinto al de una madre. Cuando los recuerdos se tornaron un poco difíciles decidió levantarse y fue a la cocina porque escuchó voces. Reconoció la voz de Tomasa y corrió a saludarla. Era como en los viejos tiempos, pero en otra casa, otra cocina. Todas corrieron para atenderla y ella dejó que lo hicieran. Bromearon y la llamaron «la novia feliz», aunque a ella no le causó gracia. Los últimos días había tomado el hábito de no hablar, pero los gestos la traicionaban y mostraban su descontento.

A las diez y media salió para asistir a la reunión y no llamó a Samuel porque supuso que estaba durmiendo y era mejor dejarlo tranquilo.

-Uno de los dos debe estar descansado-, les dijo a sus tías.

En el programa casi todos ya estaban listos. Los camarógrafos iban y venían mirando el salón desde distintos ángulos. Marcela fue presentada y enseguida empezó la reunión. El alcalde de la ciudad tomó la palabra y expuso el problema que estaban atravesando. Luego el jefe de policía presentó la misma queja. Los miembros de la Sociedad Protectora de Animales que venían de la capital y los de Santa Catalina, mostraron el problema desde otro punto de vista y criticaron al alcalde por usar la palabra «eliminar» al señalar a los perros como el principal problema. Después se plantearon distintas soluciones que fueron rechazadas por la policía, quienes dijeron que ellos tenían bastante con lidiar a los ladrones y personas de mal vivir que andar detrás de los perros. Marcela prestó atención, sin dejar de escribir en una libreta que llevaba consigo. En el descanso, salieron de la sala y Sergio le mostró el reloj. «Espero que no tardemos mucho», le dijo. Ella le dijo que creía que no estaban llegando al punto clave. La reunión se había propuesto para conformar un cuerpo de policía que atendiera los problemas de los animales, pero todos estaban discutiendo sobre otros asuntos.

-Pediré la palabra-, dijo Sergio. Marcela le leyó las notas que tomó y le pidió que la dejara hablar a ella. Él aceptó, le tenía confianza y se sintió aliviado porque ella era más convincente. El tiempo que actúo sola en el programa de televisión, logró convencer al público que el problema era de todos y no sólo de la policía y las entidades.

Sergio le aconsejó tomar un café y comer algo antes de entrar al salón, pero ella no aceptó y entró de nuevo. Los directivos del programa preguntaron quién sería el próximo en hablar y Sergio la señaló. El camarógrafo dirigió la cámara hacia ella y cuando las luces se encendieron, Marcela pensó en todos los animales moribundos que vio llegar a la veterinaria y en los asesinos que cometían atrocidades y los maltrataban, sin cumplir una pena apropiada porque para muchos, la vida de un animal no tenía el mismo valor que la de un ser humano. Lo primero que dijo fue que la reunión se había concertado con la intención de que la policía interviniera más contra el maltrato. El policía la interrumpió y dijo que ellos no podían dedicar su tiempo en eso porque tenían demasiados problemas y no daban abasto. Marcela agregó sin embargo, la necesidad de entrenar a un grupo de policías con ese fin, pues la reunión tenía la finalidad de pedir un cuerpo policial que se encargara exclusivamente de hacer respetar las leyes a favor de los animales. Todos escucharon atentos y luego, le dieron la razón. La reunión tomó más tiempo de lo que esperaban, pero ella y Sergio pensaron que cumplieron su cometido. Estaban esperanzados en lograr su objetivo y solucionar el problema. Sergio llevó a Marcela a la casa y al entrar, vio que era la hora en que Marcela debía estar camino a la iglesia. Soledad se había quedado esperándola y Tomasa y las tías ya se habían ido.

Marcela pensó en darse un baño y fue a su habitación. Había logrado encontrar un juego de muebles que cuadraban con el color de las paredes, pero aún no los habían enviado. Después de verlos, tuvo el valor de decirle a Samuel que los de él no le gustaban y él se disgustó un poco, pero aprobó la compra. Se sintió mejor cuando ella le dijo que había pensado comprarlos sin su consentimiento, pero que llegó a la conclusión que debían empezar una vida juntos sin mentiras. La habitación era enorme y el baño también. Aunque sabía que era tarde, fue el baño y al abrir la puerta casi enloquece al ver a Mimosa.

-Estoy loca, no puede ser-, dijo y su mascota la miró sorprendida. Soledad llegó y la encontró abrazada al animal.

-Marcela-, la llamó, pero ella seguía diciendo: «No estás muerta, no estás muerta» y la abrazaba mientras el animal trataba de zafarse. Soledad tuvo que arrancarle el perro de los brazos y explicarle que no era Mimosa sino el perro de Clara, quien había llegado temprano. Marcela se puso a llorar, pero luego se resignó pues todo había sido una equivocación. Cuando estuvo lista para vestirse llamó a Soledad para que la ayudara. Se vistió sin decir una palabra y Soledad comprendió su silencio y tampoco dijo nada. Logró hacerle un buen peinado. Luego salieron y Marcela guardó en la cartera los aros y las joyas para ponérselos antes de entrar en la iglesia.

Sergio fue a recoger a su esposa y cuando llegó a la iglesia era tarde, pero Marcela aún no llegaba. Se sentó y vio que todos estaban muy nerviosos. Asunción lo llamó y él le dijo que se habían demorado más de lo previsto en el programa y que había llevado a la novia a la casa. Samuel dejó su lugar frente al altar y se acercó para saber qué sucedía. Luego fueron a hablar con el cura, quien les dijo de mala manera, que esperaba no retrasarse mucho porque tenía que oficiar otra boda. Llamaron entonces a Marcela, pero nadie contestó en la casa. Luego de quince minutos decidieron ir hasta allá. Al llegar y abrir la puerta, Torbellino salió corriendo. Samuel y Sergio corrieron detrás del perro y no se percataron que el portón estaba abierto. Cada vez que lo llamaban el perro se detenía pero luego seguía corriendo. Ellos se dieron cuenta que estaban alejándose de la casa y Samuel recordó que al perro le gustaba andar en auto y fueron a buscarlo en éste. Cuando le abrieron la puerta para que entrara y el perro salió por el otro lado y se echó a correr por la vereda. Ellos lo siguieron y pensaron atajarle el paso, pero el perro los evadió. Cada vez que se detenían, el perro también y cuando trataban de agarrarlo, volvía a escapar. Finalmente decidieron dejar que los siguiera hasta la iglesia y que Marcela se encargara de lidiarlo. Ya frente a la iglesia, vieron que el perro también se detuvo. Entraron y vieron a Marcela y Asunción esperando a un costado. Todos se volvieron asustados y cuando Samuel volteó a mirar el perro los seguía. Supusieron que iba hacia donde su dueña, pero se plantó a la entrada, sin moverse. El cura furioso, gritó que buscaran al dueño del perro. Verena le dijo que era de ellos, pero que no se explicaba qué hacía ahí.

-¡Están locos!, cómo se les ocurre traer a un animal a la iglesia. Sáquenlo de inmediato o no los caso.

Marcela se acercó al perro y lo llamó, pero el animal empezó a correr por todos lados. Como si fuera poco, Celia no encontró quién le cuidara los niños y los llevó con ella, así que éstos corrieron detrás de Torbellino, y el perro parecía disfrutar del revuelo que estaba provocando. Mario decidió intervenir, trató de apaciguarlo y lo llevó a un costado de los bancos. Cerraron entonces las puertas y el cura les gritó que se acercaran al altar para empezar la ceremonia. Todos tomaron sus puestos. El cortejo estuvo conformado por Celia y su esposo, y Marisol y Sergio. Asunción entregó a la novia, ya que la madre tomaba el lugar si el padre no estaba presente. Al final de la ceremonia el cura sonrió pues tenía otra anécdota para contar. Cuando los novios salieron, Torbellino se soltó de las manos de Mario y corrió hacia ellos. Iba a saltar sobre Samuel, pero la mirada de Marcela lo hizo detenerse. Ella le hizo señas de que se hiciera a su izquierda y los tres caminaron muy ceremoniosos. Las personas de la boda siguiente, que estaban esperando afuera observaron con asombro que todos salían riendo. La madre de la otra novia protestó y dijo que ya no se respetaba ninguna tradición.

-Se han tomado tan en serio los derechos de los animales, que hasta los llevan a las bodas-. Desconocían la razón de la demora y cuando les llegó el turno estaban tan aliviados que no les importó saber el por qué.

Samuel y Marcela empezaron su nueva vida muy atareados. Samuel trabajaba a veces sin horarios fijos y a Marcela la esperaba un gran trabajo en la televisión, donde se hizo famosa no sólo en Correntoso, sino en otros lugares del país. Al comienzo, extrañó a Asunción, pero el trajín no le daba tiempo para sentirse nostálgica. Soledad la ayudaba dos veces por semana con el mantenimiento de la casa y Tomasa prometió visitarla en verano.

El problema de los perros mejoró poco a poco, pero aún no se había conformado el cuerpo de policías, aunque todo prometía que así sería. Cada vez que preguntaban cuánto debían esperar, la repuesta era la misma. El papeleo y la burocracia retardaban mucho cualquier decisión en las entidades municipales.

Marisol planeó dar una fiesta de bienvenida a la pareja, pero Sergio estuvo tan ocupado que debió posponerla hasta que finalmente se llevó a cabo. Invitó a Celia y su esposo, Isabel, Mario y su madre. Todos tenían espíritu festivo y no faltaron las bromas hacia los recién casados. Como Marcela se sintió incómoda, Sergio cambió la conversación y contó algunos percances que tuvieron en su luna de miel. Por su parte, Celia y su esposo, quienes habían hecho comentarios subidos de tono, contaron que fueron a un hotel donde tenían un jacuzzi y Celia no había querido utilizarlo porque había olvidado su traje de baño. Marcela recordó algunas intimidades que su amiga le había contado y no imaginó que tuviera tanto pudor. En sus relatos parecía haber llegado con bastante experiencia al matrimonio. Marcela pensó que ella nunca se hubiera animado a contar cosas tan íntimas y menos que tuvo relaciones antes de casarse. Imaginó que quizás había muchas personas como ella. De pronto, no quiso quedarse atrás y sintió que podía salir airosa de la conversación sin tener que mentir. Isabel, que estaba incómoda con tantos comentarios subidos de tono, al ver que Marcela iba a hablar la miró.

-El día de mi boda fue muy agitado para mí. Todos saben que trabajé hasta el último momento y luego, los problemas que se presentaron con Torbellino y los niños de Celia.

Sergio y Samuel se miraron y recordaron el bolate que tuvieron con el perro.

-Es verdad que mis hijos no tuvieron un comportamiento ejemplar, pero ya verás cuando tengas los tuyos, pues por más que uno quiera que se porten bien, más mal lo hacen.

-De sólo recordarlo, vuelvo a sentirme cansada. Pero bueno, recuerdo que cuando llegamos al hotel, agotados, Samuel decidió ir al baño primero porque yo iba a demorarme quitándome el vestido. Yo me tiré un segundo en la cama y quedé profundamente dormida hasta el otro día. Cuando desperté, estaba vestida y en la misma posición que me había acostado. Samuel no estaba por ningún lado y sólo volvió después porque había pedido otra habitación para dormir y descansar. Como ven, no fue una noche romántica, propia de alguna novela clásica. Creo que nos estamos poniendo muy materialistas para eso….

Un gruñido los hizo mirar a todos hacia la puerta y se miraron preguntándose cómo había hecho el perro para salir de donde lo habían dejado. Olvidaron sacarlo y Torbellino estaba enojado. Marcela quiso acercársele pero el perro la ignoró y fue a sentarse cerca de Isabel. Todos rieron porque era como si quisiera demostrar su descontento por haber sido encerrado en la habitación mientras todos estaban pasando un buen rato. Comentaron que Torbellino quería hacerle saber a Marcela que se sentía enojado por haberlo dejado de lado, por eso la rechazó y se sentó cerca a Isabel. ¿Quizás para darle celos a su dueña? Nadie estaba seguro de lo que podía pasar por la cabeza de Torbellino, pero conocían su carácter y esperaban cualquier cosa de él.

www.ingramcontent.com/pod-product-compliance
Lightning Source LLC
Chambersburg PA
CBHW032058280526
45784CB00012B/26